职业教育改革创新教材

Qiche Xuanjia ji Zhuanxiang Xitong Weixiu

汽车悬架及转向系统维修

（第2版）

黄关山　孔国彦　主　　编
李洪泳　杨延勇　龙勇云　副　主　编
朱　军　丛书总主审

人民交通出版社股份有限公司
北京

内 容 提 要

本书是职业教育改革创新教材之一,其主要内容包括:轮胎的检查与换位、轮胎的拆装与修补、车轮平衡的检查、减振器和螺旋弹簧的检查与更换、下控制臂的检查与更换、电控悬架的检查与维护、转向系统的基本检查与前轮前束的调整、齿轮齿条式转向器的检修、动力转向液的检查与更换、电动助力式转向系统的检修、汽车四轮定位参数的检测与调整等常见的工作任务。

本书可作为职业院校汽车运用与维修专业的教材,也可供汽车维修及相关技术人员参考阅读。

图书在版编目(CIP)数据

汽车悬架及转向系统维修/黄关山,孔国彦主编
. —2 版. —北京:人民交通出版社股份有限公司,
2021.7

ISBN 978-7-114-17016-4

Ⅰ.①汽… Ⅱ.①黄…②孔… Ⅲ.①汽车—车悬架
—车辆修理—职业教育—教材②汽车—转向装置—车辆修
理—职业教育—教材 Ⅳ.①U472.41

中国版本图书馆 CIP 数据核字(2021)第 018362 号

职业教育改革创新教材

书 名:	汽车悬架及转向系统维修(第 2 版)
著 作 者:	黄关山 孔国彦
责任编辑:	翁志新 侯力文
责任校对:	刘 芹
责任印制:	张 凯
出版发行:	人民交通出版社股份有限公司
地 址:	(100011)北京市朝阳区安定门外外馆斜街 3 号
网 址:	http://www.ccpcl.com.cn
销售电话:	(010)59757973
总 经 销:	人民交通出版社股份有限公司发行部
经 销:	各地新华书店
印 刷:	北京市密东印刷有限公司
开 本:	787×1092 1/16
印 张:	13.75
字 数:	233 千
版 次:	2011 年 9 月 第 1 版
	2021 年 7 月 第 2 版
印 次:	2021 年 7 月 第 2 版 第 1 次印刷 累计第 6 次印刷
书 号:	ISBN 978-7-114-17016-4
定 价:	36.00 元

(有印刷、装订质量问题的图书由本公司负责调换)

职业教育改革创新教材编委会

（排名不分先后）

第2版前言

PREFACE TO THE SECOND EDITION

"十二五"期间,人民交通出版社以职教专家、行业专家、学校教师、出版社编辑"四结合"的模式开发出了"职业教育改革创新示范教材",受到广大职业院校师生的欢迎。

为了紧跟汽车行业发展趋势,更好地适应汽车类专业实际教学需求,2019年12月,人民交通出版社股份有限公司吸收教材使用院校教师的意见和建议,组织相关老师,对已出版的"职业教育改革创新示范教材"再次进行了全面修订,对个别不能完全适应学校教学的教材进行了重新整合,更新了教材内容,并对教材中的错漏之处进行了修正。

该套教材将先进的教学内容、教学方法与教学手段有效地结合起来,形成课本、课件(部分课程配)和数字资源(部分课程配)三位一体的立体教学模式。

《汽车悬架及转向系统维修》是其中一本,此次修订工作主要做了如下修改:"项目二 悬架的检修"中增加了"学习任务六 电控悬架的检查与维护";"项目三 转向系统的检修"中增加了"学习任务十 电动助力式转向系统的检修";更新了相关技术标准和法规;更新了第1版中陈旧的内容;对第1版中的错漏之处和不严谨的文字表述进行了修改,使教材内容更加准确和精炼。配套的电子课件也进行了修订。在部分知识点处设置了二维码,有助于学生更形象地理解相关内容。

本书由珠海城市职业技术学院黄关山、珠海市理工职业技术学校孔国彦担任主编,江门市新会机电职业技术学校李洪泳、珠海城市职业技术学院杨延勇和龙勇云担任副主编,参加编写的还有珠海市珠光汽车有限公司邓建民和刘将,珠海城市职业技术学院的刘颂阳和刘唯伟。

限于编者的经历和水平,书中难免有不妥或错误之处,敬请广大读者批评指正,提出修改意见和建议,以便重印或再版时改正。

职业教育改革创新教材编委会

2020年5月

目录 CONTENTS

项目一
轮胎和车轮的检查

项目描述

本项目主要学习轮胎与车轮的结构、分类、尺寸、型号和车轮动平衡等知识。通过完成三个学习任务，掌握轮胎的检查和修补方法并能够对轮胎的磨损原因进行分析，学会使用轮胎拆装机和车轮平衡机，为后续的项目学习打下基础。

学习任务一　轮胎的检查与换位

学习目标

◎ 知识目标

(1) 认识轮胎和车轮的基本结构。

(2) 学会辨别轮胎和车轮的分类和尺寸型号。

◎ 技能目标

(1) 能够对轮胎进行一般性的检查。

(2) 能够分析导致轮胎异常磨损的原因。

(3) 能够正确地进行轮胎的换位。

◎ **素养目标**

(1)能够制订工作计划,独立完成工作学习任务。

(2)能够在工作过程中与小组其他成员合作、交流并进行学习任务分工,具备团队合作和安全操作的意识。

(3)养成服从管理、规范作业的良好工作习惯。

(4)培养安全工作的习惯。

建议完成本学习任务的时间为:6 课时。

学习任务描述

一辆卡罗拉轿车,行驶里程为 20000km,车主反映该轿车的前后轮胎磨损不均匀,需要你对轮胎进行检查并进行轮胎换位和维护。

学习内容

```
轮胎和车轮的结构及分类                          轮胎的检查方法和流程
轮胎和车辆的规格          轮胎的检查与换位
轮胎异常磨损原因分析                            轮胎的换位流程
```

注意事项

(1)在工作过程中要注意人身安全,认真执行 6S 管理。

(2)在工作过程中请根据操作步骤,规范操作,防止损坏设备和器材。

(3)严格按照工作要求正确使用仪器设备,出现问题及时报告,服从管理。

● 资料收集

引导问题1 ▶ **车轮和轮胎的作用是什么? 两者有何区别?**

车轮与轮胎是汽车行驶系统中的重要部件,如图 1-1 所示,其功用是:

（1）支撑整车。

（2）缓和来自路面的冲击力。

（3）产生驱动力、制动力和侧向力。

（4）产生回正力矩。

（5）保证车辆具有良好的通过性。

车轮和轮胎的功用

车轮和轮胎又统称车轮总成，它主要由车轮和轮胎两大部分组成。在汽车维修中，车轮和轮胎是有区别的。如图1-2所示，中间的金属部分为"车轮"，外面的橡胶部分为"轮胎"。

图1-1　汽车的车轮与轮胎

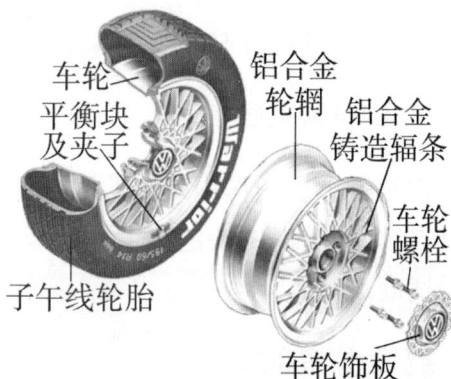

车轮平衡块及夹子

铝合金轮辋

铝合金铸造辐条

车轮螺栓

子午线轮胎

车轮饰板

图1-2　车轮和轮胎

引导问题2 ▶ **轮胎的结构是怎样的？各组成部分有什么作用？**

轮胎安装在轮辋上，直接与路面接触。轮胎各部分名称如图1-3所示。从外观上看，轮胎主要包括如下几个部分：胎面、胎侧和胎圈等。从结构上看，轮胎按结构分为钢丝带束层、胎体帘布层和气密层等。

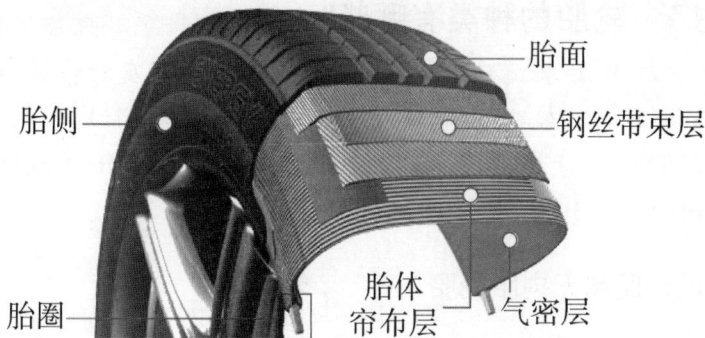

胎侧

胎圈

胎面

钢丝带束层

胎体帘布层

气密层

图1-3　轮胎结构

1 胎面

胎面是车辆与路面接触的重要部分,要求具有耐磨损、耐摩擦和耐热的功能。

2 胎侧

胎侧的主要作用是保护轮胎免受路肩撞击,提高轮胎的强度。在胎侧上还可以找到各种标记,包含了有关轮胎的重要信息。

3 胎圈

胎圈的主体是钢丝圈,胎圈的作用是将轮胎牢牢地固定在轮辋上。

4 钢丝带束层

钢丝带束层的作用是为胎面提供刚性支撑。这一层包含具有足够强度的钢丝材料,为轮胎提供抵消离心力和侧向力的强度,并具有一定的弹性,以确保驾乘舒适度。

5 胎体帘布层

胎体帘布层是轮胎的骨架,它由细小的织物纤维黏合在橡胶上制成。胎体帘布层在很大程度上决定了轮胎的强度。

6 气密层

气密层由几乎无法渗透的丁基合成橡胶制成。在无内胎轮胎中,气密层替代了原来的内胎。

引导问题3 ▶ 轮胎的种类有哪些?

根据不同的分类方法,轮胎按有无内胎分类,可分为有内胎轮胎和无内胎轮胎;按胎体帘线的方向分类,可分为普通斜交线轮胎和子午线轮胎;按轮胎充气压高低分类,可分为高压胎、低压胎和超低压胎。

1 有内胎轮胎和无内胎轮胎

有内胎轮胎由外胎、内胎和垫带组成,如图1-4所示。内胎中充满着压缩空气,外胎是用以保护内胎使之不受外来损害的强度高而富有弹性的外壳,垫带放在内胎与轮辋之间,防止内胎被轮辋及外胎的胎圈擦伤和磨损。

有的充气胎没有内胎,又称真空轮胎或"低压胎"。空气通过气门嘴直接压入轮胎中,因此要求轮辋和外胎之间密封性要好,图1-5所示为无内胎轮胎。

图1-4　有内胎轮胎

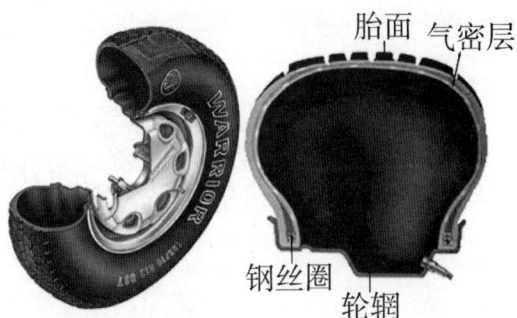

图1-5　桑塔纳轿车的无内胎轮胎

无内胎轮胎在外观上与普通轮胎相似。所不同的是无内胎轮胎的外胎内壁上附加了一层厚为2～3mm的专门用来封气的橡胶气密层,如图1-6所示。当轮胎穿孔时,轮胎气压不像普通车胎那样在瞬间全部泄完,其气密层还能在一定程度上自行将刺穿的孔黏合,使气压保持一段时间。

无内胎轮胎由于轮胎与轮辋密封为一体,对其制造精度要求高,轮辋多数为压铸铝一体化轮辋,车轮的径向圆跳动量极小。使用无内胎轮胎后,汽车的舒适性、稳定性都会有所提高,当代轿车一般使用无内胎轮胎。

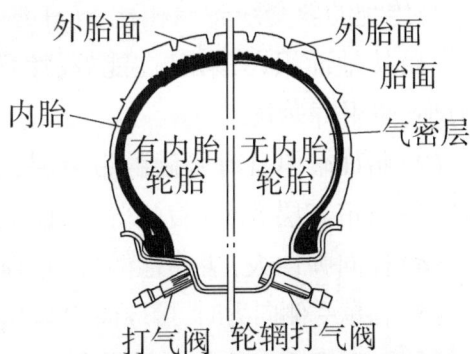

图1-6　有内胎轮胎和无内胎轮胎结构比较

小提示

铝合金轮辋不可修复和敲打,铝合金轮辋变形后必须整体更换。

2 普通斜交线轮胎和子午线轮胎

如果将轮胎沿径向切开,从它的横断面上可以看到橡胶内有一帘布层,这是橡胶附着的基层和轮胎物理强度的关键。帘布的材料和性能差异以及帘布的缠绕方式不同,决定了轮胎的不同性能。

传统的轮胎都是帘布以一定角度(一般与子午断面成 52°～54°)进行缠绕,故称为斜交线轮胎,如图 1-7a)所示。如果帘布以子午断面的方向(与胎面中心线成 90°)进行缠绕,则称为子午线轮胎,如图 1-7b)所示。

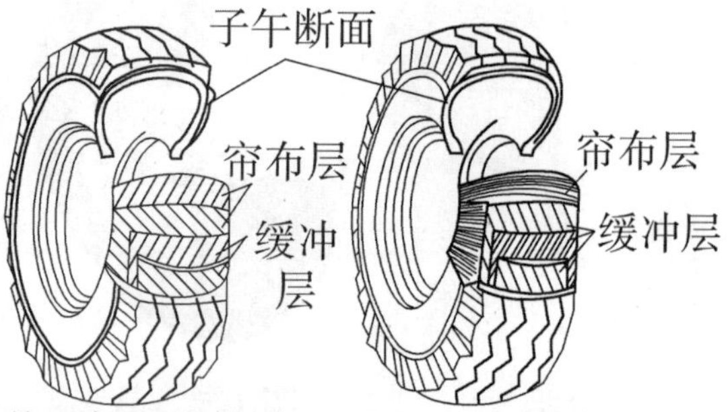

a)普通斜交线轮胎　　b)子午线轮胎

图 1-7　轮胎

与传统的斜交线轮胎相比,子午线轮胎有如下优点:

(1)接地面积大,附着性能好,胎面滑移小,对地面单位压力也小,因而滚动阻力小,使用寿命长。

(2)胎面较厚且有坚硬的带束层,不易刺穿,行驶时变形小,可降低油耗。

(3)因帘布层数少,胎侧薄,所以散热性能好。

(4)径向弹性大,缓冲性能好,负荷能力较大。

(5)在承受侧向力时,接地面积基本不变,故在转向行驶和高速行驶时稳定性好。

所以,当代轿车往往采用子午线轮胎作为出厂配置。

小提示

子午线轮胎与斜交线轮胎不能混装于一辆车上。

3 高压胎、低压胎和超低压胎

按胎内的空气压力大小分类,充气轮胎可分为高压胎、低压胎和超低压胎三种。过去,一般胎内的空气压力在 0.5～0.7MPa 为高压胎,在 0.15～0.45MPa 为低压胎,在 0.15MPa 以下为超低压胎。因为低压胎弹性好,断面宽,与道路接触面大,壁薄且散热性良好,所以,目前的轿车几乎全都采用低压胎,而货车由于载重物的需要,一般为有内胎的高压胎。低压胎不仅提高了汽车行驶平顺性、转向操纵的稳定性,而且道路和轮胎本身的寿命也得以延长。

引导问题4　车轮的结构是怎样的?

车轮是介于轮胎和车轴之间承受负荷的旋转组件,通常由两个主要部件——轮辋和轮辐组成。车轮一般采用钢或铝合金材料。图1-8所示为车轮的解剖结构图。车轮除轮辋和轮辐部件外,有时还包含轮毂。

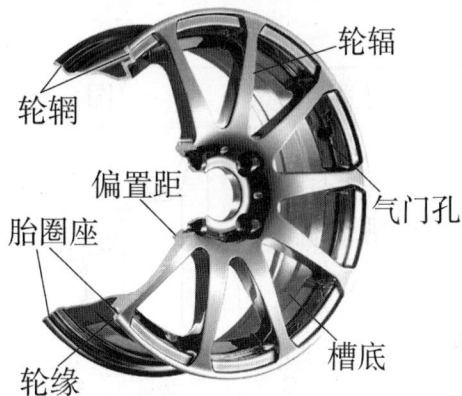

图1-8　铝合金车轮结构

1 轮辋

与轮胎装配配合,组合成车轮部分。

2 偏置距

轮辋中心面到轮辐安装面之间的距离,有正偏距、零偏距、负偏距之分。

3 胎圈座

与轮胎的胎圈接触,支撑维持轮胎半径方向的轮辋部分。

4 轮缘

用来保持并支撑轮胎方向的轮辋部分。

5 轮辐

与车轴车轮实施安装连接,支撑轮辋的车轮部分,不同车型轮辐的造型设计会有差别。

6 气门孔

安装轮胎气门嘴的孔。

7 槽底

为方便轮胎的装拆,在轮辋上留有一定深度和宽度的凹坑。

引导问题5 ▶ 轮辋的类型主要有哪几种?

轮辋按其断面结构分为:深槽轮辋、平底轮辋和对开式轮辋,它们的结构和特点见表1-1。

轮 辋 类 型 表1-1

轮辋类型	图 例	特 点
深槽轮辋		结构简单、刚度大、质量较小,对于小尺寸弹性较大的轮胎最适宜,多用于轿车
平底轮辋	挡圈 锁圈	挡圈是整体的,用开口弹性锁圈锁紧以防止挡圈脱出,多用于中型货车
对开式轮辋	挡圈	轮辋由内外两部分组成,用螺栓紧固在一起,内外两部分轮辋可以是等宽度,也可以是不等宽度,多用于中、重型越野车

引导问题6 ▶ 轮胎胎侧的标识各有什么含义?

先来看一个因为知道轮胎代码信息而节约了维修费用的例子:

当李先生正在考察一辆用了3年的汽车时,看到汽车左后轮有一个比其他车轮都要新得多的日期代码时,李先生问车主,这辆汽车被撞得到底有多严重?汽车的主人嘟囔着说:"你怎么知道它发生了交通事故?"李先生告诉了车主,左后轮与其他的轮胎相比,上面的日期码表明它仅仅使用了一年。车主立即承认汽车是事故车,马上降价了4000元。

由上面的例子可以知道,轮胎的侧面标识有各种信息,比如规格尺寸、生产日期等,这些信息都非常重要,下面根据图 1-9 来看看各种标识的含义。

图 1-9　轮胎胎侧标识

轮胎的各部分标识含义表示如下:

①——轮胎品牌名称。

②——轮胎型号。

③——轮胎尺寸(轮胎宽度/扁平比 + 轮胎结构 + 轮辋直径)。

④——载荷指数 + 速度级别。

⑤——ECE 认证编码。

⑥——EEC 噪声合格认证码。

⑦——美国运输部制造商码。

⑧——制造日期(前两位数指周数,后两位为年度,如 1806,代表生产时间是 2006 年第 18 周)。

⑨——美国质量认证级别。

⑩——轮胎最大载重。

⑪——轮胎最大压力。

⑫——无内胎结构。

⑬——安全警告。

⑭——旋转方向(只有单向轮胎才有)。

⑮——外侧面(内侧面为 Inner,只有不对称轮胎才有)。

⑯——额外载重。

⑰——磨损标示。

引导问题 7 ▶ **如何识别轮胎的尺寸规格?**

轮胎胎侧上一般都标有规格代码,这些代码表示轮胎宽度、断面宽度和轮胎强度等。

1 轿车轮胎规格标识示例

轿车轮胎规格标识示例见表 1-2。

轮胎规格标识示例及说明　　　　　　　　　　　表 1-2

类型	说　明					
子午线轮胎	205	/	55	R	16	91	V
	轮胎宽度（单位:mm）		扁平率　子午线		轮辋直径（单位:in）	载荷指数	速度级别
斜交线轮胎	6.45　　–　　13　　4PR					
	轮胎宽度　　　轮辋直径　　轮胎强度（层级）					
	T　　135　　/　　70　　D　　15					
	临时使用　轮胎宽度（单位:mm）　扁平率　斜交胎　轮辋直径（单位:in）					

2 扁平率

扁平率又称扁平比、高宽比,是指轮胎断面的宽和高的比例,即图 1-10 中的 $H/B \times 100\%$。"55"表明该轮胎的高度等于轮胎宽度的 55%。现代轿车的轮胎扁平率多在 45~65 之间,数值越小,轮胎形状越扁平。高性能跑车、轿车一般采用扁平率比较小的轮胎,外观看起来很扁,这主要是为了提高其贴地性或"抓地力",保证其高超的操纵性能得到充分发挥。但扁平轮胎舒适性较差,成本较高。

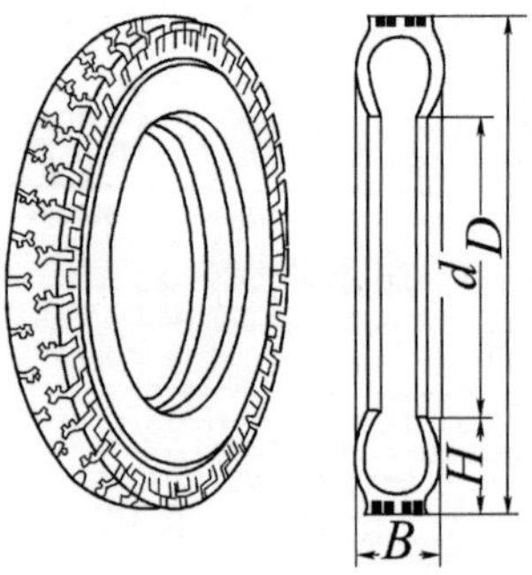

图 1-10　轮胎规格
B-轮胎断面宽度;
H-轮胎断面高度;
D-轮胎名义直径;
d-轮辋直径

3 载荷指数

载荷指数是一个对应于最大载质量的数字(单位为 kg),它是一个对应值,表明了轮胎在正常充气情况下能够承受的最大质量。部分数字代表的载质量见表 1-3。

轮胎载荷指数对照表　　　　　　　表 1-3

载荷指数	载质量(kg)	载荷指数	载质量(kg)	载荷指数	载质量(kg)
85	515	90	600	95	690
86	530	91	615	96	710
87	545	92	630	97	730
88	560	93	650	98	750
89	580	94	670	99	775

4 速度级别

速度级别是一个对应于轮胎所支持的最大速度的数字,它是个对应值,用不同的字母表示轮胎所能承受的最大车速。如"V"表明该轮胎的最高车速为240km/h,见表 1-4。

轮胎的速度级别对照表(单位:km/h)　　　　表 1-4

速度等级	最高车速	速度等级	最高车速	速度等级	最高车速
G	90	N	140	T	190
J	100	P	150	H	210
K	110	Q	160	V	240
L	120	R	170	W	270
M	130	S	180	Y	300

在更换某个速度级别的轮胎时,建议使用具有等效速度级别或更高级别的轮胎来更换它。速度等级并不代表轮胎的操纵或转弯性能有多么出色,它们只表示轮胎承受高速度的能力。

引导问题8 ▶ 如何识别车轮的尺寸?

为了使车轮和轮胎正确配合使用和在车上的正确安装,轮胎的选择必须与车轮规格匹配,它一般印制在轮辋上。各种车轮规格,其关键部位是轮辋,要表明它的关键尺寸、结构形式以及轮辐的偏置距。图 1-11 中显示的车轮尺寸包括轮辋尺寸、形状和类型。

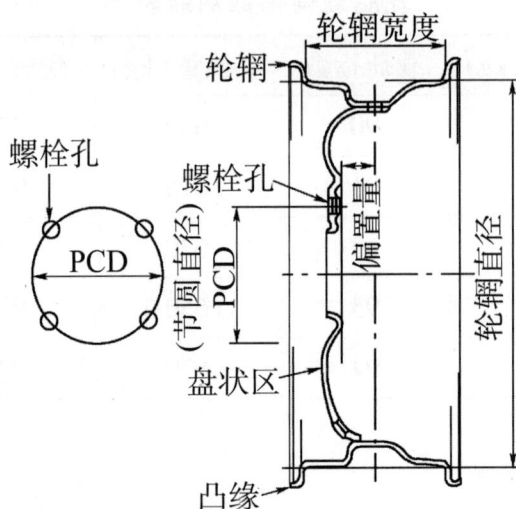

图 1-11　车轮尺寸

1 车轮规格标识示例

51/2	JJ	×	13	4	114.3	20
轮辋宽度 (in)	凸缘形状		轮辋直径 (in)	车轮螺栓孔数	PCD (mm)	偏置距 (mm)

2 凸缘形状和编号体系

凸缘的形状可以通过字母来识别。一般规则是,字母越靠后,凸缘越高。如表 1-5 所示的标准轿车车轮凸缘高度,表中 h、b、r 的含义请参见图 1-12。

标准轿车车轮凸缘高度(单位:mm)　　表 1-5

凸缘形状	h	b	r
B	$14.0^{+1.0}_{-0.5}$	10.0	7.5
J	$17.5^{+1.0}_{-0.5}$	13.0	9.5
JJ	$18.0^{+0.7}_{-0.7}$	13.0	9.0
JK	$18.0^{+1.2}_{0}$	13.0	9.0
K	$19.5^{+1.0}_{-0.5}$	13.0	11.0
L	$21.5^{+1.5}_{-0.5}$	13.0	12.0

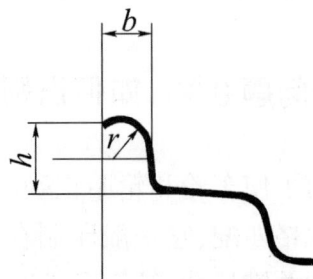

图 1-12　车轮凸缘尺寸

3 PCD

PCD(单位:mm)指螺栓孔所形成的节圆直径。更换新的车轮时,螺栓孔数目和节圆直径应与原车轮一致。

4 偏置距

偏置距指轮辋中线和轮毂安装孔表面之间的距离。偏置距与车轮定位有关,因为它影响车轮的轮距。偏置距有负偏距、零偏距和正偏距之分,如图1-13所示。偏置距相等的车轮可能其内部结构不同,不允许车轮内部结构与制动器发生干涉。偏置距变化可能会带来异常的轮胎振动或悬架和制动问题,这是更换车轮或车辆改装时必须考虑的。

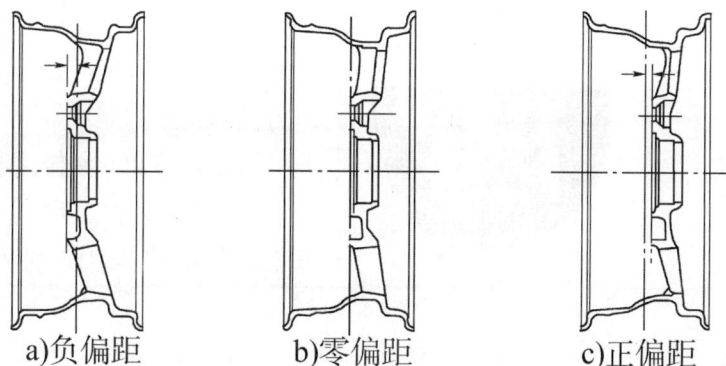

a)负偏距   b)零偏距   c)正偏距

图1-13 车轮偏置距

引导问题9 轮胎花纹有什么作用? 花纹有哪些类型? 对汽车的行驶和性能有何影响?

1 轮胎花纹的主要作用

(1)增加胎面与路面间的摩擦力,以防止车轮打滑。

(2)轮胎花纹具有排水功能,把胎面与路面之间的积水及时排出,防止与路面形成水膜。

2 花纹的类型

轮胎花纹类型多种多样,但归纳起来,主要有三种:普通花纹、越野花纹和混合花纹,见表1-6。

主要的花纹形式 表1-6

花纹形式	图 例	特 点
普通花纹		普通花纹的特点是,花纹细而浅,花纹块接地面积大,因而耐磨性和附着性较好,滚动阻力小,适用于较好的硬路面。因此多用于轿车及多在城市路面行驶的货车
越野花纹		越野花纹的特点是,轮胎沟槽深而宽,轮胎气压较低,在松软路面上与地面附着性好,越野能力强,适用于矿山、建筑工地以及其他一些松软路面上使用的越野汽车轮胎
混合花纹		混合花纹的特点介于普通花纹与越野花纹之间,兼顾了两者的使用要求,适用于城市、乡村之间的路面上行驶的汽车轮胎。现代越野车和货车驱动轮胎也采用这种花纹

小 提 示

　　有些轮胎的花纹是有方向性的,它们要求按照特定方向安装,这种轮胎在胎侧标有轮胎的旋转方向。只有按照旋转方向安装轮胎,才能发挥其最佳性能,如图1-14所示。

图1-14　具有方向性花纹的轮胎

3 花纹对汽车性能的影响

轮胎上的凸块、花纹沟槽的数量和尺寸,不仅决定了胎面与路面之间的接触面积和轮胎的排水能力,而且还会决定汽车行驶时的轮胎噪声。

轮胎花纹增加了胎面与路面间的摩擦力,可以防止车轮打滑,而花纹的形式对轮胎性能有很大影响,见表1-6。

胎面上的凹槽可以将路面积水沿轮胎行驶方向排开,显然,凹槽越深,排水效果越好,但会使轮胎温度上升加快,花纹根部容易产生撕裂和脱落。

胎面材质较硬的轮胎在行驶时噪声更为显著,较软的轮胎虽然可以减小噪声,附着性能也较好,但是比较容易磨损。

引导问题 10 ▶ **轮胎磨损的形式及其原因主要有哪些?**

汽车在行驶中,轮胎在汽车负荷和路面反作用力的作用下,会产生各种各样的磨损。其中,有一部分磨损是由于汽车性能上的缺陷而引起的,需要引起重视,及时排除故障隐患,避免造成意外。其主要磨损形式和原因见表1-7。

轮胎磨损形式及原因   表1-7

序号	轮胎磨损形式	图　例	磨损原因
1	胎面中央磨损		轮胎气压高于标准压力
2	胎面双肩磨损		汽车轮胎气压不足或汽车超载

序号	轮胎磨损形式	图　例	磨损原因
3	胎面呈波浪状或碟边状磨损		(1)汽车车轮动平衡不良,在转动中出现抖动; (2)汽车车轮轮毂磨损松旷,或是轮毂轴承松旷及调整不当; (3)前轮定位不准; (4)悬架系统有故障
4	胎面内侧或外侧产生偏磨		(1)前轮前束不合格;车轮外倾角过大或过小; (2)汽车频繁地急转弯; (3)汽车前轮长期没有换位
5	胎面由外向内或由内向外呈锯齿状磨损(羽边磨损)		轮胎胎面磨损呈锯齿状,均与汽车前束有关。 (1)如果胎冠由外侧向里侧呈锯齿状,说明汽车前束过大; (2)若胎冠由里侧向外侧呈锯齿状磨损,说明汽车前轮前束过小

引导问题 11 ▶ 在使用过程中怎样延长轮胎的使用寿命?

正确合理地使用轮胎,可降低轮胎磨损,防止不正常的磨损和损坏;同时可以延长轮胎的使用寿命,保证行驶安全,降低运用成本。

在轮胎的使用和管理中应注意做到以下几点。

1 保持气压正常

轮胎充气压力是决定轮胎使用寿命和工作好坏的主要因素。轮胎制造厂在设计各种规格的轮胎时,都规定了其最大负荷量和相应的充气压力,使用时,应按轮胎规定的气压标准进行充气,否则将造成轮胎早期磨损和损坏。

2 严禁轮胎超载

当汽车超载或装载不均衡时,便引起轮胎超载。超载行驶时,轮胎变形增大,帘布和帘线应力增大,容易造成帘线折断、松散和帘布脱层。同时因为接地面积增大,增加胎肩的磨损,尤其在遇到障碍物时,由于受到冲击,会引起爆破。因此要注意货物装载平衡,防止车辆行驶时发生货物移动及倾斜。

3 掌握车速,控制胎温

随着车速的增加,轮胎的变形频率、胎体的振动也随之增加。当车速达到某一速度时,轮胎的工作温度和气压升高,加速老化。因此,严禁超速行驶,胎体温度不得超过100℃。夏季行驶更应注意,如轮胎发热或内压增高严重,应停车散热。严禁放气降低轮胎气压,也不要泼冷水。

4 合理搭配轮胎

轮胎应按照车型配装,并根据行驶地区道路条件选择适当的胎面花纹。要求在同一轴上装用厂牌、尺寸、帘线层数、花纹、磨耗程度相同的轮胎。同一名义尺寸的不同厂牌的轮胎,其实际尺寸会有所差别。轮胎尺寸大小不一致,会使车身高低不一样,承受负荷不均衡、附着力不一样,从而造成磨耗不均匀等问题。胎面花纹不同,与地面附着系数不同,同样会造成磨耗程度的差别,还会使制动和转向性能变坏。

5 精心驾驶汽车

不正确或不经心驾驶汽车,都能使轮胎使用寿命急剧缩短。为此,驾驶汽车时应做到:起步平稳、加速均匀、中速行驶、选择路面、减速转向、少用制动。

6 做好日常维护

日常维护包括出车前、行车中和收车后的检视。主要是检视轮胎气压是否符合规定;检查车轮固定螺母有无松动;清理轮胎夹石;检查有无不正常的磨损和损伤,并及时消除造成不正常磨损和损伤的因素。

7 保持汽车技术状况良好

保持车况完好,尤其是底盘零件技术状况良好,是防止轮胎早期损坏的有效措施。当底盘零件装配不当或出现故障时,轮胎不能平稳滚动,产生滑移、摆振,使轮胎遭到损坏;零件漏油时,会使油滴落到轮胎上侵蚀橡胶,也会造成轮胎早期损坏。

引导问题 12 ▶ **轮胎为什么需要进行换位? 换位的方式有哪些?**

一般汽车前后轮的负荷不同,加之公路为方便排水呈一定的拱度,靠右边行驶,内外轮胎磨耗不一样。由于车辆前、后、左、右、内、外各车轮的工作条件不同,造成全车各胎的变形不同,磨耗也不一样。为了使全车轮胎合理承载和磨耗均匀,克服偏重或偏磨现象,延长使用寿命,需要定期进行轮胎换位。

轮胎换位应根据轮胎的不同特点采用不同的换位方法。轮胎换位间隔一般为 10000km。轮胎换位的方法较多,这里只介绍两种常用的换位方法。

一种是交叉换位法,适用于经常在拱形路面行驶的汽车以及一些子午线轮胎;另一种是循环换位法,适用于经常在较平坦道路上行驶的汽车,如图 1-15 所示。

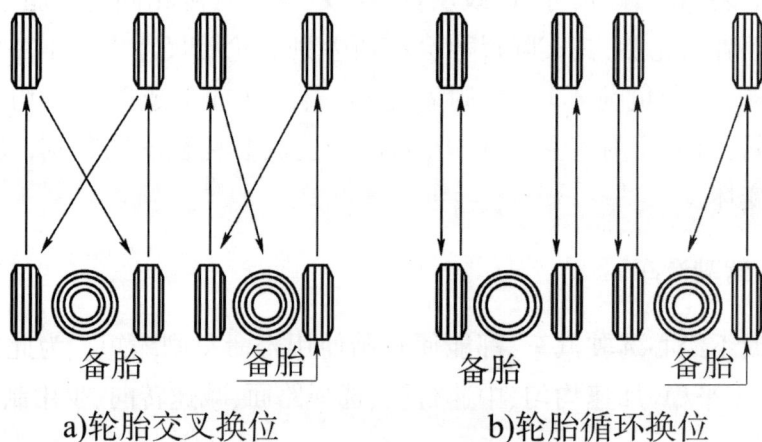

备胎　　备胎　　　　　备胎　　备胎

a)轮胎交叉换位　　　　　b)轮胎循环换位

图 1-15　轮胎的换位

小提示

图 1-15 所示的轮胎换位的方式仅作为一般规则,主要应参照维修手册进行轮胎换位。有些装备子午线轮胎的汽车要求按照交叉方式进行轮胎换位。汽车悬架和转向系统的结构会影响轮胎的换位方式。

引导问题 13 轮胎的检查与换位的工艺流程是怎样的?

图 1-16 所示为轮胎检查与换位的一般性工艺流程,重点在于轮胎磨损的检查与分析。

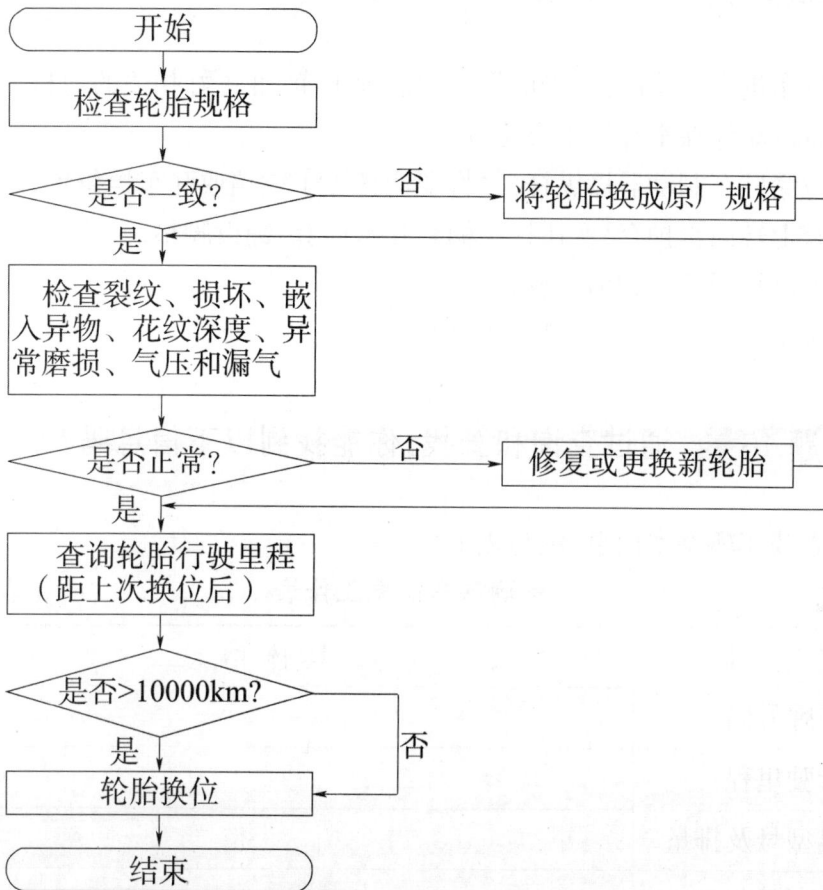

```
                    ┌─────────────┐
                    │    开始     │
                    └─────────────┘
                           │
                    ┌─────────────┐
                    │ 检查轮胎规格 │
                    └─────────────┘
                           │
                     ◇是否一致?◇─────否─────→┌──────────────┐
                           │是                │将轮胎换成原厂规格│
                           │                  └──────────────┘
                    ┌─────────────┐
                    │检查裂纹、损坏、嵌│
                    │入异物、花纹深度、异│
                    │常磨损、气压和漏气│
                    └─────────────┘
                           │
                     ◇是否正常?◇─────否─────→┌──────────────┐
                           │是                │修复或更换新轮胎│
                           │                  └──────────────┘
                    ┌─────────────┐
                    │查询轮胎行驶里程│
                    │(距上次换位后)│
                    └─────────────┘
                           │
                   ◇是否>10000km?◇────否
                           │是
                    ┌─────────────┐
                    │  轮胎换位   │
                    └─────────────┘
                           │
                    ┌─────────────┐
                    │    结束     │
                    └─────────────┘
```

图 1-16 轮胎的检查与换位的工艺流程

● **实施作业**

引导问题 14 轮胎换位作业需要准备哪些工具、设备和材料?

(1)套筒(17mm)、指针式扭力扳手、十字车轮扳手、气压表、轮胎沟槽深度规、旋具。

（2）三件套（座椅套、脚垫、转向盘护套）、翼子板布、前格栅布、干净抹布。

（3）工具车、工作台、肥皂水、手套、粉笔、轮胎架。

（4）威驰轿车、高压气源、举升机。

引导问题 15 ▶ 作业前的准备工作有哪些?

（1）汽车进入工位前,事先应将工位清理干净,准备好相关的器材。

（2）将汽车停在举升机中央位置。

（3）拉紧驻车制动器操纵杆,并将变速杆置于空挡或驻车挡位置。

（4）套上转向盘护套、变速杆手柄套和座椅套,铺设脚垫。

（5）粘贴翼子板布和前格栅布。

（6）调整好举升机,使车辆处于可举升状态。

引导问题 16 ▶ 通过查询和查找,你能找到以下信息吗?

（1）查找车辆基本信息,填写表1-8。

车辆基本信息工作表　　　　　　　　　　　　　　　　表1-8

项　　目	具 体 信 息
车牌号码	
行驶里程	
发动机型号及排量	
车辆识别代码（VIN）	

（2）查找轮胎品牌与规格,填写表1-9。

轮胎信息工作表　　　　　　　　　　　　　　　　表1-9

轮胎位置	品　　牌	型　　号	载 质 量	最 高 车 速
左前				
右前				
左后				
右后				

小 提 示

汽车4个轮胎应该使用同一规格和品牌。

（3）查阅维修手册，填写威驰轿车轮胎标准，见表1-10。

威驰轿车轮胎标准   表1-10

项　　目	标　　准	
轮胎气压		
轮胎沟槽深度极限		
车轮螺栓拧紧力矩		
轮胎换位方法	交叉换位□	循环换位□

引导问题 17 ▶ **怎样规范地检查轮胎？**

检查轮胎主要包括检查裂纹、损坏、嵌入物、花纹深度、异常磨损、气压和漏气等。
请按照表1-11的步骤和内容对轮胎进行检查，并完成相关内容。

轮胎检查步骤及内容   表1-11

步骤	项　目	图　示	内　容
1	举升车辆		操纵举升机，将车辆举升至中位，并可靠锁止提升臂
	完成情况：是□　否□		
2	检查裂纹或者损坏		缓慢转动轮胎，检查轮胎胎面和胎侧是否有裂纹、割痕或者胎体变形、鼓包等其他损坏
	检查结果及处理意见：		

步骤	项　目	图　　示	内　　容
3	检查胎面、胎侧嵌入物		检查轮胎的胎面和胎侧是否嵌入任何金属微粒、石子或者其他异物
	检查结果及处理意见：		
4	检查胎面花纹深度		使用轮胎沟槽深度规测量轮胎的胎面花纹深度
	检查结果及处理意见：		
5	异常磨损		检查轮胎的整个外围是否有不均匀磨损和阶段磨损
	检查结果及处理意见：		
6	气压		使用轮胎气压表检查轮胎气压
	检查结果及处理意见：		
7	漏气检查		检查气压后,通过在气门周围涂肥皂水检查是否漏气
	检查结果及处理意见：		

小提示

（1）注意举升机的使用安全。

（2）如果轮胎的裂纹和损坏超过了一定程度,应更换轮胎。

（3）如果胎面或胎壁嵌有砂石等异物,请剔除这些异物。

（4）不同的车辆对轮胎沟槽深度的要求不同,见表1-12。另外还可以通过观察轮胎与地面接触的胎面磨耗指示标记检查胎面花纹深度。

车辆沟槽深度标准（单位:mm）　　　　表1-12

轮 胎 类 型	胎面沟槽深度极限	
	普通行驶条件	高速行驶条件
普通轿车轮胎	1.6以上	
轻型货车轮胎	1.6以上	—
中型货车轮胎	1.6以上	2.4以上
重型货车和公共汽车轮胎	1.6以上	3.2以上
摩托车和踏板车	0.8以上	—

（5）车辆的轮胎气压可从维修手册、轮胎标签或驾驶人一侧的门柱上的标签上找到。轿车轮胎气压一般为0.2MPa左右,不同车型可能略有差别,见表1-13。

常见轿车轮胎气压（条件:空载;单位:MPa）　　表1-13

车 型	前 轮	后 轮	备 胎
卡罗拉	0.24	0.24	0.42
英朗	0.23	0.23	0.42
朗逸	0.22	0.21	0.28
科鲁兹	0.23	0.23	0.42

引导问题 18 ▶ **怎样规范地进行轮胎换位?**

请按照表1-14的步骤和内容完成轮胎换位工作。

轮 胎 换 位 步 骤　　　　　　　　　　　表 1-14

步骤	图　示	内　容	完成情况
1		检查举升机和车辆的安全状况,做好工作前的准备工作	是□　否□
	小提示:举升机支撑部分车身质量,避免损坏螺栓。		
2		使用指针式扭力扳手,拧松车轮的固定螺母	是□　否□
	小提示: (1)螺母按"对角多遍"拧松; (2)拧松2~3圈螺纹即可,避免车身倾斜而损坏螺栓; (3)避免拆下的轮胎混淆,可在轮胎上做标记。		
3		操纵举升机,将车辆举升至轮胎最低点距离地面约20cm的高度	是□　否□
	小提示:举升机处于最低落锁位置。		

步骤	图 示	内 容	完成情况
4		一人扶住车轮,一人使用车轮扳手,快速旋出车轮固定螺母	是□ 否□
	小提示:拆下的螺母请摆放整齐。		
5		取下车轮,并将其放置到车轮支架上	是□ 否□
	小提示:按照相同的方法把其他车轮拆下。		
6		交换左前和左后车轮。将原来的左前车轮,安放到左后制动盘凸缘上,再把各个螺母用手旋入螺栓中	是□ 否□
	小提示:用手将螺母旋入螺栓若干圈并保证顺畅,以免损坏螺纹。		
7		一人扶住车轮,一人用车轮扳手,将车轮固定螺母拧紧到适当力矩	是□ 否□
	小提示:适当用力拍打扳手以使螺母拧紧和车轮不偏斜。		

步骤	图 示	内 容	完 成 情 况
8		再把原左后车轮安装到左前车轮位置上。这样完成了一侧车轮的换位	是□　否□
	小提示:按照相同的方法对右侧车轮进行换位,并安装右侧前后车轮。		
9		前后车轮换位完毕,操纵举升机,将车辆降落到地面上	是□　否□
	小提示:举升机支撑部分车身质量,避免损坏螺栓。		
10		使用指针式扭力扳手,按照"对角多遍"的要求,将4个车轮固定螺母按照规定的拧紧力矩拧紧	是□　否□
	小提示:关系到行车安全,务必按照规定力矩拧紧。		
11		整理工位:清理工具,清洁地面卫生	是□　否□
	小提示:贯彻6S管理,养成良好习惯。		

三 评价与反馈

对本学习任务进行评价,完成表1-15。

反 馈 评 价 表　　　　　　　　　　表 1-15

请根据你自己在工作中和课堂上的表现,对自己进行客观的评价,看看你能获得几颗星?

评价项目	5 颗星	3 颗星	1 颗星	评价结果
知识掌握情况	掌握相关理论知识,并能运用到实际操作中,任务完成良好	基本能够理解相关理论知识,能够完成相应工作	对相关理论知识不明白,不能或者难以完成相应的工作	
动手实践情况	积极参加,做好安全保护工作,注重工作质量	会动手实践,安全保护措施到位,工作质量较好	出现安全隐患,不知道如何动手实践	
小组合作情况	与小组成员配合工作很愉快	与小组其他同学配合工作交流较少	没有与其他同学进行交流	
6S 执行情况	值日认真,服从指挥,工位、工装整洁,职业形象好	值日较认真,出现迟到或其他违纪情况	出现忘记值日,工位或工装不整洁的情况	
哪些方面需要改进				
教师点评				
学生姓名		小组长签名		
教师签名		日期		

四 学习拓展

(1)你知道目前国际上最著名的三大轮胎厂商吗？查阅资料了解它们,请写出它们品牌的中文名称、英文名称和所属国家。

(2)轮胎胎压检测系统(TPMS)是什么？有什么作用?

学习任务二　轮胎的拆装与修补

学习目标

◎ **知识目标**

(1)能够对轮胎的磨损和损坏进行原因分析,并提出维修建议。

(2)认识轮胎拆装机结构和功能。

◎ **技能目标**

(1)能够完成简单的补胎作业。

(2)能熟练而规范地操作轮胎拆装机。

◎ **素养目标**

(1)能够制订工作计划,独立完成工作学习任务。

(2)能够在工作过程中,与小组其他成员合作、交流并进行学习任务分工,具备团队合作和安全操作的意识。

(3)养成服从管理,规范作业的良好工作习惯。

(4)培养安全工作的习惯。

建议完成本学习任务的时间为:4 课时。

学习任务描述

一辆卡罗拉轿车,车主反映:车辆左前轮胎比其他位置轮胎漏气快,需要你对该轮胎进行检查,并根据具体情况对轮胎进行补胎和轮胎拆装工作。

学习内容

注意事项

(1)在工作过程中要注意人身安全,认真执行6S管理。

(2)在工作过程中请根据操作步骤,规范操作,防止损坏设备和器材。

(3)严格按照工作要求正确使用仪器设备,出现问题及时报告,服从管理。

资料收集

引导问题1 什么时候应该更换轮胎?

轮胎在不同的路面上滚动,有时,轮胎可能撞到路面上的异物,这些物体可能会导致轮胎损坏。为了确保行驶安全,必须维修损坏的轮胎。

1 确定轮胎的可维修性

有些轮胎损坏后可以维修,而有些轮胎损坏后却不能维修,区分可维修的损坏和不可维修的损坏很重要。在确定一个轮胎是否可以维修时,请注意考虑以下四个因素:

(1)磨损程度。

(2)轮胎的损坏区域。

(3)损坏类型。

(4)损坏程度。

2 不可维修条件

如果是以下六种情况,则需更换新的轮胎:

(1)轮胎胎侧被钉子或其他硬物刺穿或划破。

(2)轮胎胎侧出现了龟裂或鼓包。

(3)胎圈、胎肩损坏。

(4)帘线层脱落或损坏。

(5)轮胎使用时间超过4年或由于暴露于机油和化学物质及日照橡胶老化。

(6)胎面花纹深度低于1.6mm,磨耗指示标记露出。

3 可维修条件

(1)橡胶老化但并没有扩大到帘布层。

(2)在可维修区扎入钉子或其他尖锐物体,如图2-1所示。

有关允许的维修极限,请参见表2-1和图2-2。

轮胎的可维修极限　　　　　　　　　　　　　表2-1

轮 胎 类 型	扎孔直径(mm)	扎 孔 数 量	扎孔的间距
轿车轮胎	<6	少于2处	轮胎圆周上至少间隔40cm,如图2-2所示
重型货车轮胎	<10	少于3处	轮胎圆周上至少间隔40cm

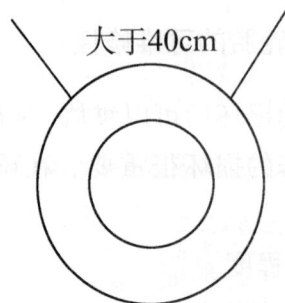

图2-1　轮胎可维修区域　　　　　图2-2　扎孔间距大于40cm方可维修

引导问题2 ▶ 轮胎拆装机的结构和功能是怎样的？

轮胎拆装机用于将轮胎从轮辋上拆下或安装到轮辋上，其结构如图2-3所示。轮胎拆装机各部分说明如下：

1——锁紧杆。用于固定垂直杆的上下位置。

2——垂直臂。用以支持水平臂。

3——轮缘分离铲。用于压下胎圈，使之与轮辋分离。

4——轮支撑垫块。在压胎过程当中起支撑防滑作用。

5——轮缘分离铲控制踏板。用于控制轮缘分离铲。

6——卡爪控制踏板。用于开启和关闭卡爪。

7——正反转控制踏板。下压时转盘顺时针旋转，上提时转盘逆时针旋转。

8——旋转工作台。用于使轮辋旋转。

9——卡爪。用卡爪固定轮辋。

10——拆装头。借助撬棒将轮胎从轮圈上拆下或将轮胎装上。

11——垂直立杠。通过使之上下移动，保证拆装头处于工作位置。

12——水平臂。能水平摆动，使拆装头处于工作位置。

图2-3　轮胎拆装机

引导问题3 ▶ 无内胎轮胎的补胎方法有哪些？

大多数轮胎的问题是扎伤，经过适当修理可继续使用。修理前确定扎伤位置，可先将轮胎充气至允许的最大充气压力，然后用肥皂水涂在轮胎上，这时泄漏处会冒气泡，用标识笔做上标记。一般来说，补胎的方法有以下三种。

1 冷补片修理

所谓冷补是将受损轮胎从轮辋上卸下，找到破损处之后，将破损处的异物清理后，从轮胎内层贴上专用的补胎胶皮，从而完成补漏。这种方法类似自行车的补胎方法,不过需要专用的拆胎机及补胎胶皮才能完成。其优点是可以对较大的破损进行修补,缺点是不够耐用,在经过一段时间的水浸或车辆高速行驶之后,修补处很可能再次出现漏气现象。

2 热补片修理

热补(俗称火补)是最彻底的补胎措施。热补同样要将轮胎从轮辋上卸下,然后将专用的生胶片贴附于创口。再用烘烤机对创口进行烘烤,直至生胶片与轮胎完全贴合。热补的优点是非常耐用,基本不用担心创口处会重复漏气。缺点是操作时的技术要求较高,因为一旦烘烤时的火候控制不好,很可能会将轮胎烤焦,严重的还会产生变形,那样一来,对轮胎的损伤就更大了。

3 胶条法

胶条法是把带有黏性和韧性的胶条用专用的锥子塞入轮胎破口处,以堵塞气体泄漏的一种补胎方法。胶条法补胎对设备要求低,对专业技术要求不高,但一般作为应急或临时性的修补。

引导问题4 轮胎的检查、修补和拆装更换的工艺流程是怎样的?

图 2-4 所示为轮胎检查、修补和拆装更换的工艺流程。

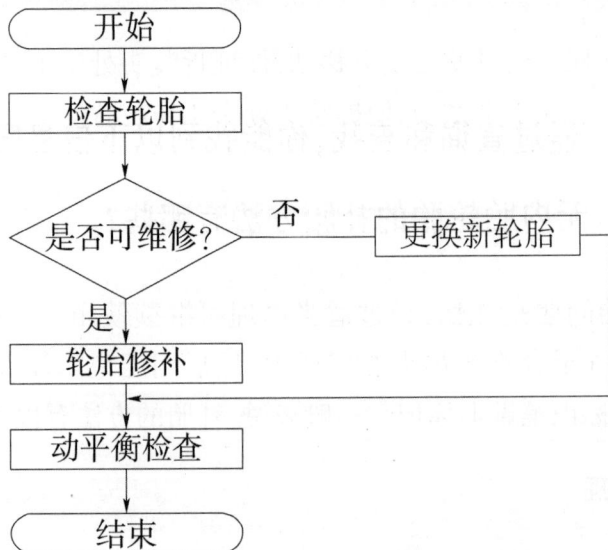

图 2-4　轮胎检查、修补和拆装更换的工艺流程

实施作业

引导问题5 ▶ **轮胎修补作业需要准备哪些工具、设备和材料?**

(1)套筒(17mm)、指针式扭力扳手、十字车轮扳手、气压表、轮胎沟槽深度规、旋具。

(2)三件套(座椅套、脚垫、转向盘护套)、翼子板布、前格栅布、干净抹布。

(3)工具车、工作台、肥皂水、手套、粉笔、轮胎架。

(4)补胎胶条、补胎工具套件、气门钥匙、平衡块拆装钳、轮胎拆装机。

(5)卡罗拉轿车、高压气源、举升机。

引导问题6 ▶ **作业前的准备工作有哪些?**

(1)汽车进入工位前,将工位清理干净,准备好相关的器材。

(2)将汽车停在举升机中央位置。

(3)拉紧驻车制动器操纵杆,并将变速杆置于空挡或驻车挡位置。

(4)套上转向盘护套、变速杆手柄套和座椅套,铺设脚垫。

(5)粘贴翼子板布和前格栅布。

(6)调整好举升机,使车辆处于可举升状态。

(7)为保护车辆,另外准备两只废旧车轮总成,用来进行轮胎修补和拆装作业。

引导问题7 ▶ **通过查询和查找,你能找到以下信息吗?**

(1)查找车辆基本信息,填写表2-2。

车辆基本信息工作表 表2-2

项 目	具 体 信 息
车牌号码	
行驶里程	
发动机型号及排量	
车辆识别代码(VIN)	

（2）查找轮胎品牌与规格，填写表 2-3。

轮胎信息工作表 表 2-3

轮 胎 位 置	品 牌	型 号
左前		
右前		
左后		
右后		

小 提 示

汽车 4 个轮胎应该使用同一规格和品牌。

（3）查找卡罗拉轿车轮胎标准，填写表 2-4。

卡罗拉轿车轮胎标准 表 2-4

项 目	标 准
轮胎气压	
轮胎沟槽深度极限	
车轮螺栓拧紧力矩	

引导问题 8 ▶ 怎样用胶条法对无内胎轮胎进行修补？

1 设备

一套补真空胎的工具，如图 2-5 所示。这套工具里面有两把带手柄的工具，一把是可穿入胶条的锥子，另一把是圆锉刀形的锥子，还有一个装有黏性胶条的小袋。

2 步骤

表 2-5 所示是用胶条法对轮胎进行修补的过

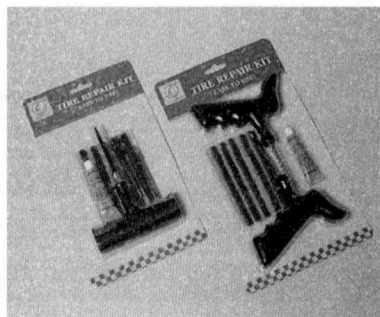

图 2-5 胶条法补胎工具

程,整个过程需要几分钟即可,而且也不需要将轮胎从轮辋上卸下。但破口在轮胎的侧面而且比较大时,此法只能作为应急。

轮 胎 修 补 流 程   表 2-5

步骤	图 示	内 容	完成情况
1		先将轮胎被扎破的创口找到,拔出刺破轮胎的扎入物	是□ 否□
2		清理创口附近的杂物,如果刺破点很小,需要先用圆锉刀形的锥子将孔拓宽一下	是□ 否□
	小提示:拓至孔径大小和胶条大小相近即可。		
3		用穿有胶条的锥子将胶条插入破口处,胶条不要全部插入车胎内,留下 1cm 左右在轮胎外边	是□ 否□
4		拔出锥子,剪掉露在外面的胶条,这样轮胎就补好了,最后用充气泵对轮胎充气	是□ 否□
	小提示:一根胶条可分两段使用,如果破口比较大可多插几根。		

引导问题9 ▶ **怎样规范地进行轮胎拆装作业?**

请按照表2-6所示步骤进行轮胎拆装作业。

轮胎拆装步骤   表2-6

步骤	图 示	内 容	完成情况
一、轮胎的拆卸			
1		用手旋下轮胎气门嘴的防尘帽	是□ 否□
2		使用气门钥匙旋出气门芯,释放轮胎内的空气	是□ 否□
3		待轮胎内空气排放殆尽后,使用卡钳取下安装于轮辋边沿上的平衡块	是□ 否□
4		将车轮及轮胎的一侧贴于拆装机的靠胎胶皮上	是□ 否□
小提示:靠胎胶皮用于防止挤压轮胎时损伤车轮,它粘贴于拆装机的凸台上。			

续上表

步骤	图示	内容	完成情况
5		调整车轮和轮胎位置,使轮缘分离铲置于轮胎胎圈和轮辋边缘之间	是□ 否□
6		一手扶住手柄,使轮缘分离铲的位置保持不变;一手扶住轮胎,防止车轮滚动	是□ 否□
7		踩下压胎踏板,轮缘分离铲开始挤压轮胎,直到轮胎胎圈离开轮辋边缘为止。然后调整轮缘分离铲挤压部位,再次挤压并使轮胎胎圈离开轮辋边缘。如此重复操作,使轮胎胎圈彻底脱离轮辋边缘	是□ 否□
8		翻转车轮和轮胎,将已挤压侧贴于靠胎胶皮上。按照相同的操作要求,将轮胎另一侧胎圈挤压脱离轮辋边缘	是□ 否□
9	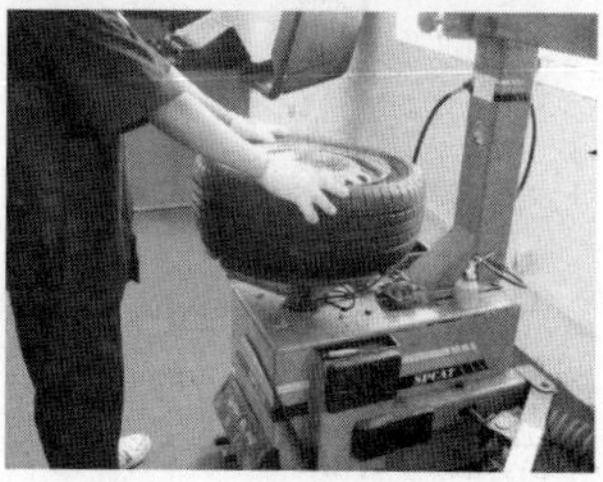	将车轮平放到轮胎拆装机转盘上的夹钳上	是□ 否□
小提示:此时保持夹钳处于完全收缩状态,便于车轮安放到夹钳上。			

步骤	图 示	内 容	完成情况
10		双手扶住轮胎,踩下夹钳踏板,夹钳张开,卡爪卡牢车轮,将车轮固定在夹钳上	是□ 否□
11		旋转调整手柄,使拆装头对正轮辋边缘	是□ 否□
	小提示:调整手柄位于轮胎拆装机的水平臂一侧,转动手柄可旋入或旋出螺杆,从而改变水平臂的角度,最终调整拆装头的位置。		
12		用手压下拆装头,并将拆装头套入轮辋边缘上	是□ 否□
	小提示:将拆装头套装到轮辋边缘上时,应保证轮辋边缘的外沿与拆装头之间预留约2mm的间隙,防止车轮转动时损伤轮辋。		
13		一手压住拆装头,一手扳动锁紧杆,锁止拆装头。然后旋入调整手柄,固定水平臂	是□ 否□

步骤	图　示	内　容	完成情况
14		使用毛刷,在轮胎胎圈上均匀涂抹一层浓肥皂液,润滑胎圈	是□　否□
	小提示:在轮胎胎圈上涂抹润滑液,可减轻拆装头与轮胎胎圈之间的摩擦,避免损伤轮胎。		
15		将扁铲插入轮胎胎圈和轮辋之间,下压扁铲撬起胎圈,并使胎圈搭于拆装头上	是□　否□
16		取出扁铲后,双手扶住轮胎,踩下转盘踏板,转盘顺时针旋转,拆装头脱出轮胎一侧胎圈	是□　否□
	小提示:如果转盘旋转时,拆装头和轮胎之间出现卡滞,应立即抬起转盘踏板,停止转盘转动,然后踩下反转踏板,逆时针转动转盘,解除卡滞障碍。		

步骤	图　示	内　容	完成情况
17		当轮胎的一侧胎圈完全脱出后,上抬轮胎,使轮胎下胎圈上移	是□　否□
18		将扁铲插入轮胎胎圈和轮辋之间,下压扁铲撬起胎圈,并使胎圈搭接于拆装头上	是□　否□
19		使用毛刷,在轮胎胎圈上均匀涂抹一层肥皂液,润滑胎圈	是□　否□
20		取出扁铲后,双手扶住轮胎,踩下转盘踏板,转盘顺时针旋转,拆装头脱出轮胎下侧胎圈。这样轮胎便从轮辋上拆卸下来	是□　否□
21		扳动锁紧杆,放松拆装头,然后将水平臂推离车轮上方	是□　否□

步骤	图　示	内　　容	完成情况
21		扳动锁紧杆,放松拆装头,然后将水平臂推离车轮上方	是□　否□
22		取下轮胎。至此,轮胎拆卸完毕	是□　否□
二、轮胎的安装			
1		将轮胎安放到车轮上之后,下压轮胎一端,使轮胎胎圈套装于轮辋边缘上	是□　否□
2		压下拆装头,并扳动锁止杆锁止拆装头	是□　否□
3		双手扶住并下压轮胎,然后踩下转盘踏板,转盘顺时针旋转,轮胎下胎圈被压入轮辋内	是□　否□

步骤	图　示	内　　容	完成情况
3		双手扶住并下压轮胎,然后踩下转盘踏板,转盘顺时针旋转,轮胎下胎圈被压入轮辋内	是□　否□
	小提示: (1)注意在胎圈上涂抹肥皂液润滑; (2)如果转盘旋转时,拆装头和轮胎之间出现卡滞,应立即抬起转盘踏板,停止转盘转动,然后踩下反转踏板,逆时针转动转盘,解除卡滞障碍。		
4		倾斜轮胎,并将轮胎上侧部分胎圈压入轮辋边缘内	是□　否□
5		双手扶住并下压轮胎,然后踩下转盘踏板,转盘顺时针旋转,轮胎上胎圈被压入轮辋内	是□　否□
	小提示:注意在胎圈上涂抹肥皂液润滑。		
6		扳动锁止杆,放松拆装头,推开水平臂	是□　否□

步骤	图　示	内　容	完成情况
7		使用气门钥匙旋入气门芯	是□　否□
	小提示:此时气门芯不必旋紧,便于进行轮胎充气。		
8		使用轮胎气压表,向轮胎内充入压缩空气	是□　否□
	小提示: (1)轮胎充气时,应分两次将轮胎气压达到规定值。当轮胎气压值接近规定值一半时停止充气,使用橡胶锤周向敲击轮胎的胎侧,使轮胎复位。其目的是防止意外情况发生,造成人身伤害。 (2)轮胎充气时,注意观察气压表指示数值的变化,轮胎气压值应达到规定要求。		
9		轮胎充气完毕。使用气门钥匙旋紧气门芯,然后在气门嘴上滴上水滴,观察是否有气泡出现。如果有气泡出现证明气门嘴漏气,修复后车轮与轮胎方可投入使用。最后旋上气门嘴防尘帽	是□　否□

三 评价与反馈

对本学习任务进行评价,完成表2-7。

反 馈 评 价 表　　　　　　　　　　表2-7

请根据你自己在工作中和课堂上的表现,对自己进行客观的评价,看看你能获得几颗星?

评价项目	5 颗星	3 颗星	1 颗星	评价结果
知识掌握情况	掌握相关理论知识,并能运用到实际操作中,任务完成良好	基本能够理解相关理论知识,能够完成相应工作	对相关理论知识不明白,不能或者难以完成相应的工作	
动手实践情况	积极参加,做好安全保护工作,注重工作质量	会动手实践,安全保护措施到位,工作质量较好	出现安全隐患,不知道如何动手实践	
小组合作情况	与小组成员配合工作很愉快	与小组其他同学配合工作交流较少	没有与其他同学进行交流	
6S 执行情况	值日认真,服从指挥,工位、工装整洁,职业形象好	值日较认真,出现迟到或其他违纪情况	出现忘记值日,工位或工装不整洁的情况	
哪些方面需要改进				
教师点评				
学生姓名		小组长签名		
教师签名		日期		

四 学习拓展

(1)市场上有一种充气补胎液,你知道它的作用和原理吗?

(2)查阅资料,了解轮胎的制作工艺。

学习任务三　车轮平衡的检查

学习目标

◎ **知识目标**

(1)掌握静平衡、动平衡、静不平衡和动不平衡的含义。

(2)理解静不平衡和动不平衡对车辆的危害。

◎ **技能目标**

(1)认识车轮平衡的检查方法。

(2)掌握车轮平衡机的规范操作。

◎ 素养目标

(1)能够制订工作计划,独立完成工作学习任务。

(2)能够在工作过程中,与小组其他成员合作、交流并进行学习任务分工,具备团队合作和安全操作的意识。

(3)养成服从管理,规范作业的良好工作习惯。

(4)培养安全工作的习惯。

建议完成本学习任务的时间为:4 课时。

学习任务描述

一辆卡罗拉轿车,车主反映:车辆行驶时转向盘抖动。需要你进行轮胎检查,并对轮胎进行动平衡作业,排除故障。

学习内容

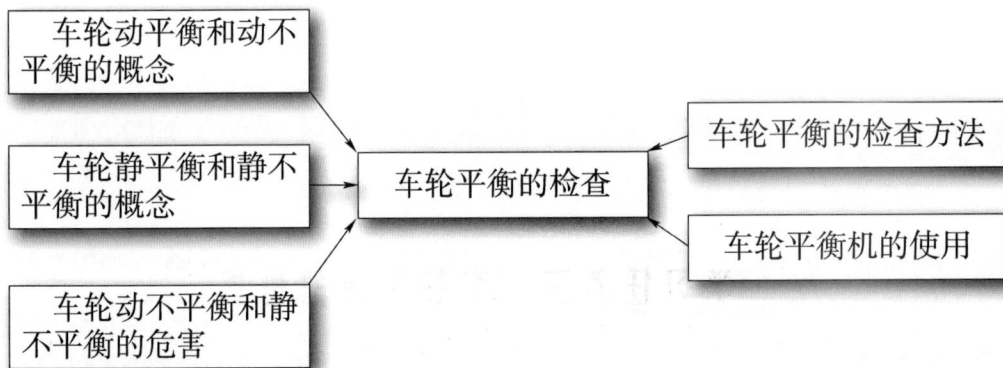

注意事项

(1)在工作过程中要注意人身安全,认真执行6S 管理。

(2)在工作过程中请根据操作步骤,规范操作,防止损坏设备和器材。

(3)严格按照工作要求正确使用仪器设备,出现问题及时报告,服从管理。

一　资料收集

引导问题 1 ▶ **车轮平衡在车辆行驶和操控安全方面有什么作用?**

如果轮胎和车轮出现了质量分布的不平衡,那么在车辆高速行驶时很容易感觉到,因为失衡会导致振动和异常噪声,对车辆稳定性和操控安全性也会有不利的影响,而且会导致球节磨损加剧,还会损坏汽车的减振器和悬架,使轮胎的磨损加快。因此,在轮胎进行修补之后,轮胎的质量会发生改变,需要对其做动平衡的检查。

引导问题 2 ▶ **什么是静态不平衡和动态不平衡?**

车轮平衡包含两个方面:静态平衡和动态平衡,只有静态和动态都平衡的车轮,才称得上是平衡的车轮。要弄明白静态平衡和动态平衡的含义,首先得理解静态不平衡和动态不平衡的概念。

1 静态不平衡

静态不平衡如图 3-1 所示。假定车轮是一个圆盘,在车轮的周边有一较重的 A 点。在正常条件下,当车轮转动并自然停止后, A 点会落到车轮的底部,这就是静态不平衡。请看图 3-1 中的 B 点, B 点表示不平衡车轮和轮胎的实际重心。离心力 α 沿较重的 A 点方向作用。在车辆实际行驶过程中,当较重的点转到轮胎的顶部和底部时就会产生振动,这个问题可以通过在 A' 点处附加一个与不平衡的 A 点相同的质量得以解决。

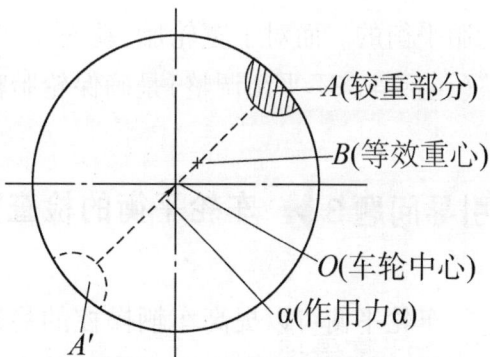

图 3-1　静态不平衡

这时车轮只在一个平面平衡,但是轮胎是有宽度的,那么车轮中还存在着动态不平衡力。

2 动态不平衡

如果轮胎是一个平面物体,则消除了静态不平衡后,轮胎应该能够平稳地转动而不会出现不稳和振动。但是,事实上,不稳和振动却仍然还有,这表明存在着动态振动。当车辆以高速行驶时,图3-2中所示的情况就会发生。由于离心力的作用,这样车轮将会出现横向振动。

如图3-3所示,A点表示轮胎左侧较重的部分,a点表示轮胎右侧较重的部分。与在静态不平衡中描述的一样,轮胎左侧的A′点和轮胎右侧的a′点将产生振荡运动。可以在A′点附加一个与不平衡的A点相同的质量,在a′附加一个与不平衡的a点质量相同的质量来解决此问题。

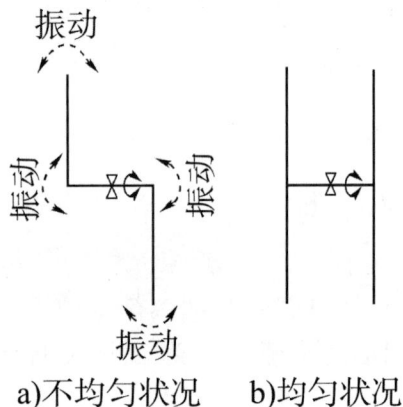

图3-2 动平衡(一)

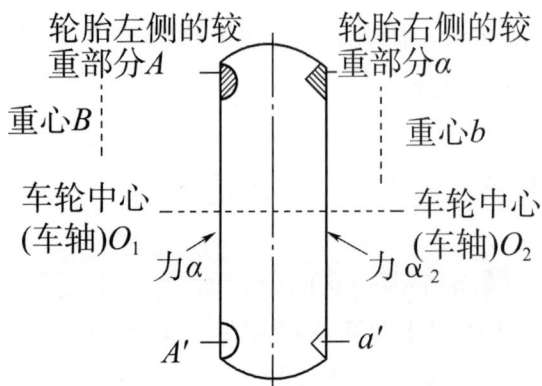

图3-3 动平衡(二)

尽管普通车用轮胎的宽度较窄,但是通常仅进行静态不平衡校正是不能使轮胎平衡的。而对于宽轮胎,动态不平衡调整就变得更为重要。动态不平衡调整(包括静态不平衡调整)是确保轮胎整体平衡的最好方法。

引导问题3 ▶ **车轮平衡的检查方法有哪些?**

车轮平衡可以提高车辆操控的稳定性,不平衡的车轮将引起车辆剧烈振动和不稳定。车轮平衡仪用于调整单个车轮的平衡。有两种车轮平衡仪,它们如图3-4、图3-5所示。用离车车轮平衡仪(能同时调整静态不平衡和动态不平衡,习惯称之为车轮动平衡机)调整车轮平衡时,要求将车轮从车辆上拆下,而随车车轮平衡仪则不需要拆下轮胎。随车车轮平衡仪在进行调整平衡过程中,需支撑住车轴或轮毂,并且只能调整静平衡。因此,建议仅在诊断传动系统振动问题时使用随车车轮平衡仪。

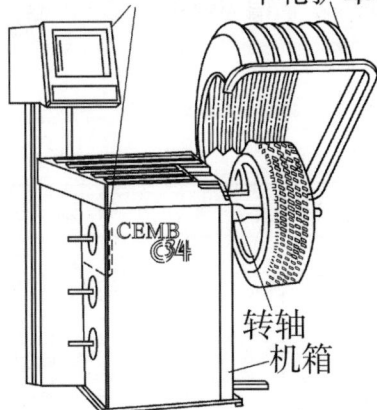

图 3-4　离车车轮平衡仪

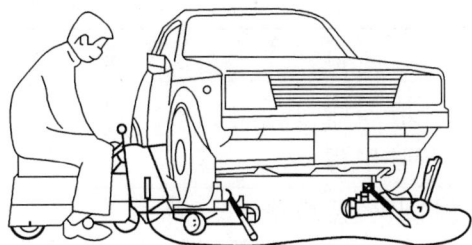

图 3-5　随车车轮平衡仪

二　实施作业

引导问题 4 ▶ **轮胎动平衡**(含静平衡)**检查作业需要准备哪些工具、设备和材料?**

(1)离车车轮平衡仪、高压气源、车轮总成。

(2)平衡块拆装钳、轮胎气压表、轮辋宽度(直径)测量尺。

(3)棉线手套、各种质量的平衡块、旋具。

引导问题 5 ▶ **作业前的准备工作有哪些?**

(1)汽车进入工位前,将工位清理干净,准备好相关的器材。

(2)将汽车停在举升机中央位置。

(3)拉紧驻车制动器操纵杆,并将变速杆置于空挡或驻车挡位置。

(4)套上转向盘护套、变速杆手柄套和座椅套,铺设脚垫。

(5)粘贴翼子板布和前格栅布。

(6)调整好举升机,使车辆处于可举升状态。

(7)穿戴好工作服和棉线手套,做好安全保护措施。

(8)将轮胎花纹内的砂石异物清理干净。

引导问题6 通过查询和查找,你能找到以下信息吗?

查找车辆基本信息,填写表3-1。

车辆基本信息工作表 表3-1

项　　目	具 体 信 息
车牌号码	
行驶里程	
发动机型号及排量	
车辆识别代码(VIN)	

引导问题7 通过目视检查,该车轮总成的状况如何?

请填写表3-2。

目视检查作业表 表3-2

项　　目	内　　容
品牌和型号	
磨损状况	
嵌入异物情况	

引导问题8 怎样规范地进行车轮的平衡检查?

请根据表3-3的车轮平衡检查步骤开始工作。

车 轮 平 衡 检 查 表3-3

步骤	图　　示	内　　容	完 成 情 况
1		使用拆装钳,取下安装在轮辋边缘上的平衡块	是□　否□

步骤	图　示	内　容	完成情况
2		使用轮胎气压表,检查轮胎气压是否符合规定要求	是□　否□
	检查结果:气压标准值(MPa)为＿＿＿＿＿＿＿＿;实测值(MPa)为＿＿＿＿＿＿＿。 结果判断:符合标准□　不符合标准□		
3		选择与车轮中心孔匹配的轴心定位锥体,安装到平衡旋转轴上	是□　否□
	小提示:轮辋规格不同与之相匹配的轴心定位锥体也不同,通常有3种型号的轴心定位锥体可供选择。 选择轴心定位锥体型号结果:大号□　中号□　小号□		
4		将车轮中心孔对正平衡机旋转轴后,将车轮和轮胎安装到平衡旋转轴上	是□　否□
	小提示:做车轮动平衡之前,应清洗车轮和轮胎,去掉泥土、砂石等。否则,将影响动平衡测量精度。		

步骤	图 示	内 容	完成情况
5		将快换螺母旋紧到平衡旋转轴上	是□　否□
	小提示:快换螺母用手旋紧即可,不要过度用力。		
6		打开主机箱左侧的电源开关。当电源开关打开后,控制面板上的指示灯全部点亮	是□　否□
7		从主机箱右侧拉出"a"距离测量尺,测量主机箱到轮辋边缘的距离	是□　否□
	检查结果:＿＿＿＿＿＿＿＿cm。		
8		将测量值输入控制面板上的"a"距离设置显示器	是□　否□
	小提示:按动"a"距离设置显示器右方的"↑"或"↓"按钮,可改变显示器上的距离设定值。		

步骤	图　　示	内　　容	完成情况
9		使用宽度测量尺,测量轮辋两边缘间的宽度值	是□　否□
	小提示: 轮辋宽度值可以从箭头指示的刻度线上读取。 检查结果:＿＿＿＿＿＿cm。		
10		将测量的轮辋宽度值输入控制面板上的宽度设置显示器	是□　否□
	小提示: 按动"b"距离设置显示器右方的"↑"或"↓"按钮,可改变显示器上的距离设定值。		
11		查找位于轮胎胎侧上的轮胎规格,确定轮辋直径	是□　否□
	小提示: 也可以用轮辋直径测量标尺测量。 检查结果:＿＿＿＿＿＿cm。		

步骤	图 示	内 容	完成情况
12		将轮辋直径输入控制面板上的直径设置显示器	是□　否□
	小提示:按动"d"距离设置显示器右方的"↑"或"↓"按钮,可改变显示器上的距离设定值。		
13		拉下防护罩,罩在轮胎上方	是□　否□
14		按下起动按钮(START),平衡旋转轴开始旋转,数秒后自动停止	是□　否□
15		待平衡旋转轴停转后,控制面板上的数值显示屏显示的数字即为车轮与轮胎的不平衡量	是□　否□
	小提示:用手转动轮胎时,不平衡点定位灯不停闪烁。 测量结果:内侧不平衡量为_____g;外侧不平衡量为_____g。		

续上表

步骤	图　示	内　容	完成情况
16		抬起防护罩后,用手缓慢转动轮胎,当其中一组不平衡点定位指示灯全部点亮时,停止转动轮胎	是□　否□
	小提示: （1）Inner 显示器显示数字为轮辋内侧不平衡量;Outer 显示器显示数字为轮辋外侧不平衡量; （2）当某一显示器的不平衡指示灯全部点亮时,表示此时轮辋相对应侧最高点位置为不平衡点。		
17		根据显示器显示的数值,选择相应质量的平衡块	是□　否□
	小提示: （1）显示器显示的数字为轮胎的不平衡量; （2）平衡块的外面上标注有质量数据,便于选择。		

步骤	图 示	内 容	完成情况
18		使用拆装钳,将相应质量的平衡块安装到轮辋外侧的最高点的边缘上	是□ 否□
	小提示:平衡块要安装可靠,否则车轮滚动时容易脱落。		
19		再次用手缓慢转动轮胎,确定轮辋另一侧的不平衡点位置	是□ 否□
	小提示:根据显示器显示的数值,按步骤18的方法安装平衡块。		
20		落下防护罩,按下起动按钮(START),平衡旋转轴开始旋转,数秒后自动停止	是□ 否□
21		待平衡旋转轴停转后,观察控制面板上的数值显示屏,是否显示轮辋两侧的数据均为"00"。如果显示数据均为"00",则车轮动平衡检测完毕;如果显示数据不为"00",则重复上述操作步骤,直到显示数据均为"00"为止	是□ 否□
	测量结果:内侧不平衡量为_____g;外侧不平衡量为_____g。 是否符合规定:是□ 否□		

步骤	图 示	内 容	完成情况
22		关闭车轮动平衡机的电源开关	是□ 否□
23		抬起防护罩,然后旋下快换螺母,取下轴心定位锥体,并摆放到工作台上	是□ 否□
24		从平衡旋转轴上取下车轮与轮胎,并将其放置到指定位置	是□ 否□
小提示:清洁场地、设备,放置好所用工具。			

三 评价与反馈

对本学习任务进行评价,见表3-4。

反 馈 评 价 表 表3-4

评价项目	5 颗星	3 颗星	1 颗星	评价结果
知识掌握情况	掌握相关理论知识,并能运用到实际操作中,任务完成良好	基本能够理解相关理论知识,能够完成相应工作	对相关理论知识不明白,不能或者难以完成相应的工作	
动手实践情况	积极参加,做好安全保护工作,注重工作质量	会动手实践,安全保护措施到位,工作质量较好	出现安全隐患,不知道如何动手实践	
小组合作情况	与小组成员配合工作很愉快	与小组其他同学配合工作交流较少	没有与其他同学进行交流	
6S 执行情况	值日认真,服从指挥,工位、工装整洁,职业形象好	值日较认真,出现迟到或其他违纪情况	出现忘记值日,工位或工装不整洁的情况	
哪些方面需要改进				
教师点评				
学生姓名		小组长签名		
教师签名		日期		

请根据你自己在工作中和课堂上的表现,对自己进行客观的评价,看看你能获得几颗星?

四 学习拓展

(1)何谓轮胎的静不平衡和动不平衡?

(2)在什么情况下需要对车轮进行动平衡检查?

项目二
悬架的检修

项目描述

　　本项目主要学习汽车悬架的组成、结构、类型和工作原理,并通过完成减振器和螺旋弹簧的检查与更换工作任务,掌握前悬架各部件的拆检方法和维修规范。此外,还增加了电控悬架检修方面的学习内容以更好地适应汽车电子化的发展。

学习任务四　减振器和螺旋弹簧的检查与更换

学习目标

◎ 知识目标
　　(1)能够说出汽车悬架系统的组成和类型。
　　(2)能够说出减振器的工作原理。

◎ 技能目标
　　(1)能够对悬架总成进行实车拆装和分解。
　　(2)能够对减振器和螺旋弹簧进行检查。

◎ 素养目标
　　(1)能够制订工作计划,独立完成工作学习任务。

（2）能够在工作过程中,与小组其他成员合作、交流并进行学习任务分工,具备团队合作和安全操作的意识。

（3）养成服从管理,规范作业的良好工作习惯。

（4）培养安全工作的习惯。

建议完成本学习任务的时间为:6 课时。

学习任务描述

一辆卡罗拉轿车,车主反映:车辆在过减速带后仍然有颠簸感,让人觉得不舒服,需要你对前后悬架进行检查,确定故障部位并进行维修。

学习内容

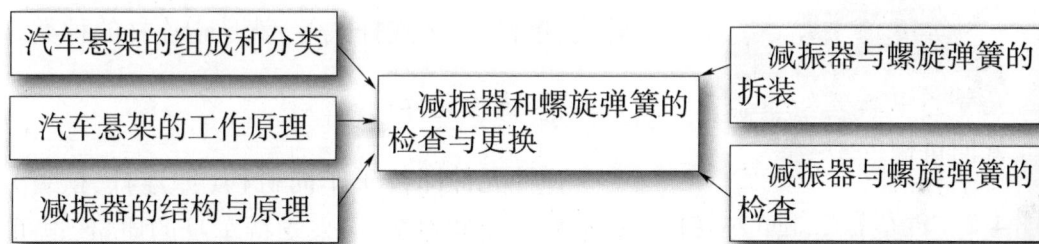

汽车悬架的组成和分类

汽车悬架的工作原理

减振器的结构与原理

减振器和螺旋弹簧的检查与更换

减振器与螺旋弹簧的拆装

减振器与螺旋弹簧的检查

● 资料收集

引导问题 1 ▶ 什么是汽车悬架? 它有什么功能?

汽车悬架是指装于车轮和车架之间的一套机械组件,是车体与路面之间的"缓冲器",如图 4-1 所示,其功能是:

（1）支撑汽车的质量。

（2）当汽车通过凹凸不平的路面时提供缓冲作用。

（3）维持车轮与路面的良好接触,确保车轮与路面产生的驱动力、制动力传到车身上。

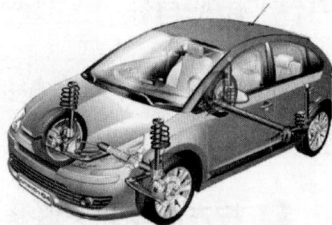

图 4-1　汽车悬架系统

（4）保证车轮在一定的角度范围内活动,使转向稳定。

汽车悬架既要满足舒适性的要求,又要兼顾操纵稳定性的要求,而它们往往又是相互矛盾的。弹簧越软,乘坐越舒服。而弹簧太软,就会出现制动点头、操纵不稳等现象。

引导问题2 ▶ 汽车悬架由哪几部分组成?

汽车悬架虽然有不同的结构形式,但主要由三部分组成:导向机构、弹性元件和减振器,如图4-2所示。

图4-2 汽车悬架组成示意图

1 导向机构

导向机构即连接车轮和车架的连杆,它控制了车轮运动的方式和角度,人们常听到的双臂式、单臂式、多连杆式等,就是指连杆的种类。

2 弹性元件

弹性元件即位于车向机构(如连杆、摆臂)与车架之间的弹簧,用来支持车身的质量,也可在车轮通过凹凸不平的障碍时发挥缓冲作用。弹簧种类很多,有螺旋式、钢板式、转矩杆式,甚至是一种橡胶或者是一个充满空气的胶囊。

3 减振器

减振器的功能是减少振荡,除了能稳定车身,更重要的是确保车轮与地面有良好的接触。

引导问题3 ▶ 汽车悬架的类型有哪些?

汽车悬架按左右车轮的关联程度分类,可分为非独立悬架和独立悬架;按控制形式分类,可分为被动式悬架和主动式悬架。

1 按左右车轮关联程度分类

悬架结构与车轮运动关系密切,根据汽车左右两侧车轮的运动是否相互关联,基本上可分为非独立悬架和独立悬架两大类。

❶ 非独立悬架

非独立悬架如图4-3a)所示,其结构特点是汽车两侧车轮安装在一根整体式车轴的两端。一侧车轮上下跳动时,必然会影响另一侧车轮的定位参数的改变。非独立悬架通常总是和非断开式车桥联系在一起。

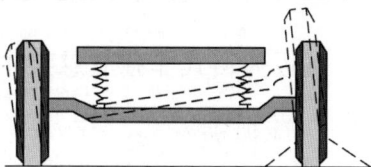

❷ 独立悬架

独立悬架如图4-3b)所示,左右两侧车轮之间没有刚性的车轴,车轮独自通过悬架的弹性元件和导向杆件与车架相连。在左右车轮的运动关系上,当一侧车轮跳动时,对另一侧车轮不产生影响,因此称为独立悬架。

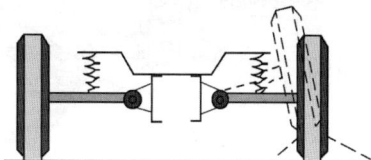

a)非独立悬架

b)独立悬架

图4-3　悬架的类型

❷ 按控制形式分类

根据对悬架性能控制的状况,汽车悬架又可分为两大类:被动式悬架和主动式悬架。

❶ 被动式悬架

被动式悬架是指汽车悬架的刚度和阻尼事先确定,汽车在行驶中无法依据路面状况随时调节这些参数以获得最佳性能。被动式悬架目前为绝大多数汽车所采用。

❷ 主动式悬架

主动式悬架可以根据路面和行驶工况动态地自适应调节悬架的性能,使悬架系统始终保持在最佳状态。部分高级轿车采用这种形式的悬架,该内容将会在任务六中做进一步介绍。

引导问题4 ▶ **非独立悬架主要有哪几种类型?**

非独立悬架因其结构简单、工作可靠、易于维修和使用寿命长等优点而受到青睐。尤其是钢板弹簧非独立悬架,钢板弹簧可兼起导向机构的作用,并有一定的阻尼减振作用,更使悬架结构大为简化,所以商用车的前、后悬架一般采用非独立悬架。部分轿车的后桥也采用非独立悬架。

非独立悬架结构所采用的弹性元件,除了钢板弹簧之外,还可用螺旋弹簧和空气弹簧。采用螺旋弹簧、空气弹簧时,需要有稍复杂的导向机构。

1 钢板弹簧式非独立悬架

钢板弹簧式非独立悬架中,钢板弹簧通常是纵向布置的,其典型的结构布置为载货汽车上的悬架,如图4-4所示。由于钢板弹簧不但起到缓冲作用,当它在汽车上纵向安置且一端与车架作固定铰接时,还可起到传递所有力矩和决定车轮运动轨迹的作用,所以就不必再设置导向机构。此外钢板弹簧本身就有一定的减振能力,所以在对减振要求不高时,这类汽车可以不装减振器。

图4-4 钢板弹簧式非独立悬架

2 螺旋弹簧非独立悬架

螺旋弹簧、空气弹簧和油气弹簧,它们的工作特性不完全一样,但有一共同之处,即只能承受垂直载荷,因此在用它们做弹性元件时,都需要有专门的传力杆件以传递纵向力、侧向力及有关力矩。图4-5所示为典型的螺旋式弹簧式非独立悬架(后悬架),这种非独立悬架一般只用作轿车的后悬架。

螺旋弹簧上端装在车身上的支座中,下端装在纵向下推力杆上。由于螺旋弹簧只能承受垂直载荷,所以必须设置导向装置(图4-5中纵向推力杆、横向推力导杆)来承受并传递纵向力和横向力。纵向推力杆的一端均与车身铰接,另一端则与后桥铰接,其作用是传递驱动力、制动力等纵向力及其力矩。当车轮行驶中因路面颠簸而上下跳动时,纵向推力杆可绕其与车身的铰接点作上下纵向摆动。

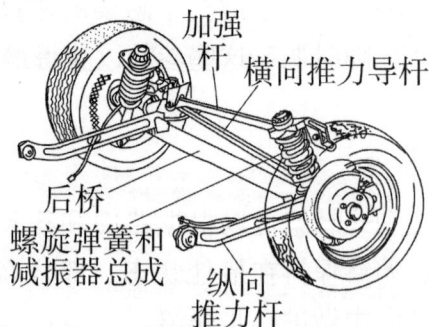

图4-5 螺旋弹簧非独立悬架示意图

横向推力导杆的一端与车身铰接,另一端与后桥铰接,以传递车身到车轮的横向力,如汽车转向时的离心力等。

20世纪70年代以后出现一种称作为纵臂扭转梁式复合悬架,如图4-6所示,2018款的卡罗拉、科鲁兹等轿车的后悬架就采用了这种形式。

当汽车行驶时,车轮连同后轴体相对车身以后轴体支架为支点作上下跳动。扭力横梁将把来自车身上的侧向力传给车轮,当两侧悬架变形不等时,则后轴体的 V 形断面横梁会发生扭转变形,因该横梁有较大的扭转弹性,故它可起横向稳定器的作用。这里要指出的是,纵臂扭转梁式复合悬架并不像普通带有整体轴的非独立悬架那样,一侧车轮的跳动完全影响另一侧车轮,但还是有一定程度的影响。从严格意义上来说,该悬架属于非独立悬架,但两车轮间的相关程度又稍弱一些,故又有人认为它是半独立悬架。

图 4-6　纵臂扭转梁式复合悬架

单纵臂扭转梁式复合悬架结构简单、性能可靠、质量小、容易装卸、占用空间小,故它在前置前驱式中小型轿车上作为后桥(支持桥)得到广泛的应用,但不同厂商对该悬架的叫法并不统一,如 H 形扭力梁式悬架(广州本田)、扭力梁式半独立悬架(上海通用雪佛兰)、拖曳臂式悬架(一汽丰田)、纵向拖曳臂式悬架(奇瑞)、复合扭转梁式半独立悬架(上海大众)等。

引导问题5▶▶　独立悬架主要有哪几种类型?

在汽车悬架系统中,尤其是在轿车的前悬架中已无例外地采用了独立悬架,前后悬架均采用独立悬架的情况也越来越常见。

前已述及,独立悬架的结构特点是两侧的车轮各自独立地与车架或车身弹性连接,如图 4-3b)所示,因而具有以下优点。

(1)两侧车轮可以单独运动互不影响。

(2)减小了非簧载质量,有利于汽车的平顺性。

(3)采用断开式车桥,可以降低发动机位置,降低整车重心。

(4)车轮运动空间较大,可以降低悬架刚度,改善平顺性。

❶ 麦弗逊式独立悬架

麦弗逊式悬架也称滑柱连杆式悬架(图 4-7),是当今最为流行的独立悬架之一,一般用于轿车的前桥,它是由滑动立柱和横摆臂组成的。它是以国外汽车公

图4-7　麦弗逊式独立前悬架

司的工程师 Earle S. MacPherson 的名字命名。

　　麦弗逊式悬架最主要的特征是将悬架的主要部件组合为一个整体,其中包括弹簧、悬架上固定座和减振器,它固定在转向节上臂和内侧挡泥板之间。如图4-8所示,筒式减振器的外面为滑动立柱(简称滑柱),悬架横摆臂的内端通过铰链与车身相连,其外端通过球铰链与转向节下臂相连。

　　麦弗逊式悬架的核心元件是滑柱,其外形为圆筒形,具有伸出的活塞杆,看起来很像传统的减振器。但是,滑柱除了具有减振器的功能以外,还用于安置弹簧,并固定悬架的位置,避免螺旋弹簧受力时向前、后、左、右偏移的现象,限制弹簧只能作上下方向的振动,并可以用减振器的行程长短及松紧,来设定悬架的软硬及性能。

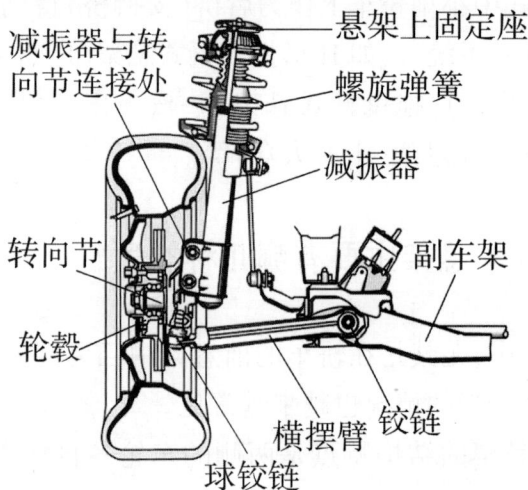

图4-8　麦弗逊式独立悬架示意图

　　结构简单是麦弗逊式悬架最大的优点,因此它的成本不高,这也是麦弗逊式悬架自诞生开始就得到迅速普及,并且沿用至今仍属主流悬架的主要原因。由于悬架部件少,可以获得很轻的簧下质量,这对于提高整车舒适性和过弯时的响应性都是非常有意义的。

　　麦弗逊式悬架的缺点在于滑动立柱负担过多,使得其耐冲击性和抑制侧倾能力都较差,这也制约了其兼顾性的发挥。高档车型不采用麦弗逊式悬架,也就是基于这个原因。

2 双叉臂式悬架

双叉臂式又称双A臂、双横臂式悬架,如图4-9所示,它的下部结构与麦弗逊式悬架一样,为一根A臂,同时转向节上部也有一根A臂与车身相连。减振弹簧和减振器一般与下A臂相连。此时的减振支柱只负责支撑车体和减振任务,车轮的横向力、纵向力则都由A臂来完成。

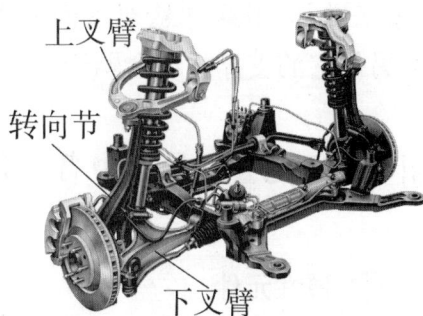

图4-9 双叉臂式独立前悬架

从结构可以看出,这种悬架的强度和耐冲击力都要比麦弗逊式悬架强很多。另外由于轮胎上下均有A臂支撑,在悬架被压缩的时候两组A臂会形成反向力,从而可以很好地抑制侧倾和制动点头等问题。在弯道上,由于支撑力强,也有利于轮胎定位的精准化,从而可以提高过弯极限,因此这种类型的悬架也被广泛用于高档轿车和跑车。

3 多连杆式悬架

悬架实际上就是由连杆、减振器和弹簧组成的。多连杆悬架,顾名思义,就是它的连杆比一般悬架要多些,按惯例,一般都把四连杆或更多连杆结构的悬架称为多连杆式悬架,如图4-10、图4-11所示。

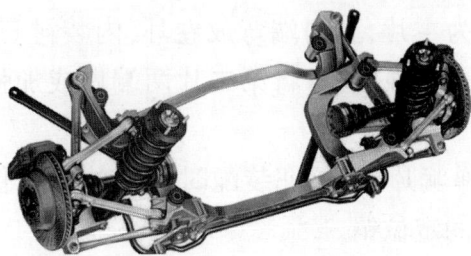

图4-10 典型的多连杆式独立悬架

图4-11 奥迪轿车上的5连杆悬架

多连杆式悬架不仅可以保证拥有一定的舒适性,而且由于连杆较多,可以允许车轮与地面尽最大可能保持垂直、尽最大可能减小车身的倾斜、尽最大可能维持轮胎的贴地性,因此它们的操控性一般都相当不错。从理论上讲,多连杆式悬架是目前解决舒适性和操控性矛盾的最佳方案。

采用如此复杂的悬架,自然是为了获得高性能,因此这种悬架理论上是级别最高的悬架。但由于其复杂性,对于调校要求很高,因此对于调校功底不到位的厂家来说,采用这种悬架反而有可能适得其反。至于缺点,成本高当然是主要的,另外它的支撑强度会弱于双叉臂悬架。

引导问题6 悬架中各元件的结构和原理是怎样的?

1 弹性元件

悬架中弹性元件的弹性材料大多为钢材,也可使用气体或橡胶,依靠它们在工作时的变形来缓冲振动。汽车悬架系统中用钢材做成的弹性元件,主要有钢板弹簧、螺旋弹簧、扭杆弹簧;利用气体压缩弹性可做成空气弹簧、油气弹簧;橡胶有弹性也可利用。上述各种弹性元件,其应用一般为:

(1)普通货车的非独立悬架广泛采用钢板弹簧。

(2)重型载货汽车采用空气弹簧更好。

(3)轿车的独立悬架大多采用螺旋弹簧和扭杆弹簧,部分高级轿车也采用空气弹簧。

(4)橡胶弹簧一般用作辅助弹簧或用作缓冲块。

❶ 钢板弹簧

钢板弹簧是由若干片等宽不等长、弧度不等、厚度相等或不等的钢板弹簧片组合而成的一根近似等强度的弹性梁,如图4-12所示。

(1)卷耳。钢板弹簧的第一片最长,称为主片,其两端弯成卷耳,内装衬套,用钢板销与车架连接。为了增加主片及卷耳的强度,常将第二片两端做成加强卷耳,包在主片卷耳外面。

(2)中心螺栓。中心螺栓用以连接各弹簧片,并保证装配时各片的相对位置,且作为钢板弹簧安装到前轴或后桥壳上的定位销。

(3)弹簧夹。弹簧夹主要作用是当钢板弹簧反向变形,即车架离开车桥时,使各片不致互相分开,而将反力传给较多的弹簧片,以免主片单独承载,同时还可防止各片横向错动。装配钢板夹时,应将螺栓头朝向车架一面,而使螺母在车轮一面,以防止螺栓松脱时刮伤轮胎。

(4)片间润滑。为了减小弹簧片的磨损,在装合弹簧片时,各片须涂上较稠的石墨润滑脂。有些弹簧片间还夹装塑料衬片或橡胶衬片,也有的将弹簧片装在保护套内,以防止润滑脂流失或尘土污染。

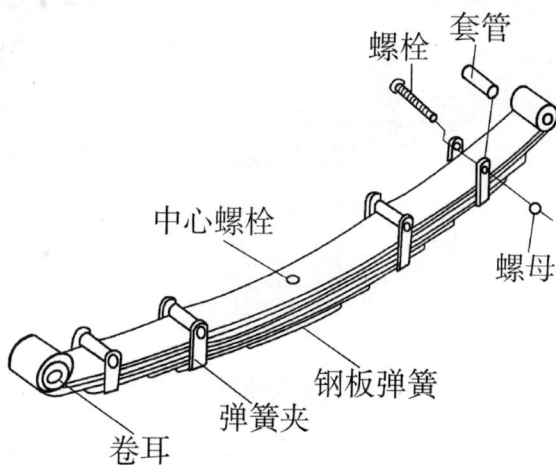

图 4-12　钢板弹簧结构示意图

2 螺旋弹簧

如图 4-13 所示,螺旋弹簧是一根钢丝卷成螺旋状的弹簧,它有以下优点:无须润滑,不怕油污,质量小,所占空间不大,具有良好的吸收冲击能力,可改善乘坐舒适性。但它只能承受垂直载荷,且无减振作用。螺旋弹簧悬架被广泛用于独立悬架。

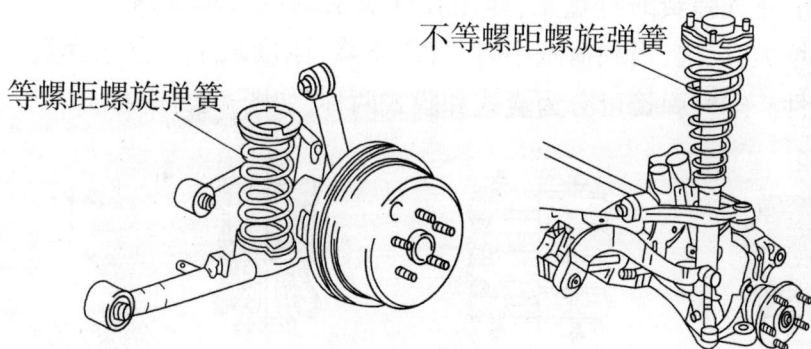

图 4-13　螺旋弹簧

3 扭杆弹簧

扭杆弹簧是具有扭转弹性的弹簧钢制成的杆,如图 4-14 所示,一端固定于车架,另一端与悬架控制臂连接,控制臂则与车轮相连,车轮上下运动时,扭力杆便发生扭曲,起弹簧作用,借以保证车轮与车架的弹性联系。

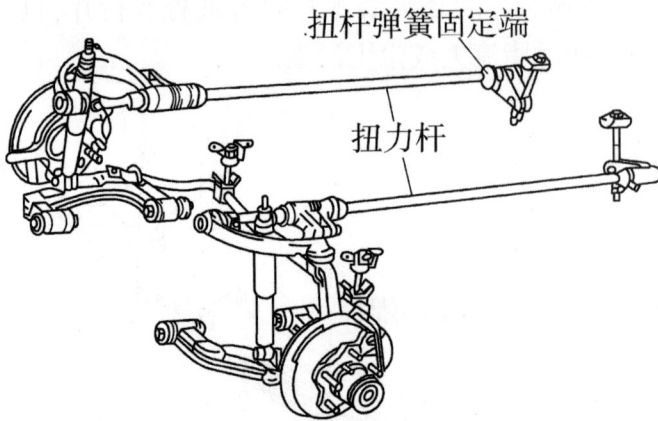

图4-14 扭杆弹簧示意图

在制造过程中,对扭杆弹簧要预先施加扭转力矩,使杆内产生预应力以保证其疲劳强度,所以扭杆弹簧是有方向性的。左、右扭杆弹簧不能互换,在左、右扭杆弹簧上都刻有"L""R"的标识,以示区别。

扭杆弹簧比钢板弹簧甚至比螺旋弹簧能储存更多的能量,因此它的质量小。扭杆弹簧又有无须润滑以及安装所占空间小等特点。

④ 空气弹簧

空气弹簧是在一个密封的容器中充入压缩气体,利用气体可压缩性实现弹簧的作用。空气弹簧的特点是:作用在弹簧上的载荷增加时,容器中气压升高,弹簧刚度增大;反之,当载荷减小时,气压下降,刚度减小。空气弹簧具有理想的变刚度特性。空气弹簧可分为囊式和膜式两种,如图4-15所示。

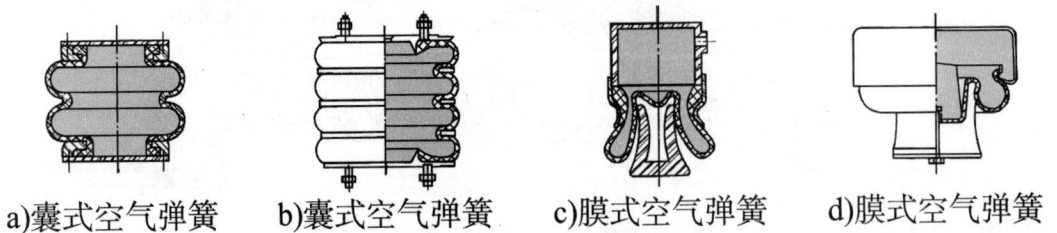

a)囊式空气弹簧　　b)囊式空气弹簧　　c)膜式空气弹簧　　d)膜式空气弹簧

图4-15 空气弹簧

⑤ 油气弹簧

油气弹簧是在密封的容器中充入压缩空气和油液,利用气体的可压缩性实现其弹簧作用,这种弹簧的弹性是可变的,如图4-16所示。

a)单气室油气弹簧示意图　　b)双气室油气弹簧示意图

图4-16　油气弹簧

2 减振器

弹簧在汽车受到路面冲击时,会以本身的压缩变形吸收振动的力,能缓冲不平路面对车身造成的颠簸和振动。另一方面,在冲击力消失的时候,汽车的减振弹簧会在恢复原状的同时释放吸收的能量,自身拉伸变长,从而将汽车往上弹,这种现象称为回弹。回弹会使汽车中的乘客感到不舒适,而且会造成汽车操控困难,容易发生危险。所以在悬架中安装减振器阻止减振弹簧产生回弹现象。

减振器功用

若悬架中缺少了减振器,情况像手推车一样,走起路来车身会不停地摇动。因为弹簧发挥了它的弹性功能,却没有减振器将车稳定下来。

弹簧的作用是缓冲地面的冲击,而减振器的作用却是限制弹簧的过分弹力,迅速衰减弹簧的振动,两者的作用截然不同。

1 液压式减振器

如图4-17所示,液压式减振器是最常用的一种减振器。其原理是在一个钻有小孔和装有活塞的筒内注满压力油,如图4-18所示,振动时油液会被迫流过小孔,因而产生限制作用(阻尼力)。也就是说,液压式减振器就是利用液体流动的阻力来消耗振动的能量,使振动消失。而小孔直径的大小,决定限制(或减振)的作用大小。如小孔直径较小,则有较强的限制,汽车稳定性会较高;反之,汽车乘坐感更舒服。设计时小孔直径的大小要兼顾稳定性及舒适性。

2 电磁减振器

电磁悬架是利用电磁感应的一种新型独立悬架系统,它可以针对路面情况,在1ms内做出反应,抑制振动,保持车身稳定。特别是在车速很高、又突遇障碍时,更能显出它的优势。目前,在一些高档轿车、跑车上装配有电磁悬架。

图 4-17　液压式筒式减振器

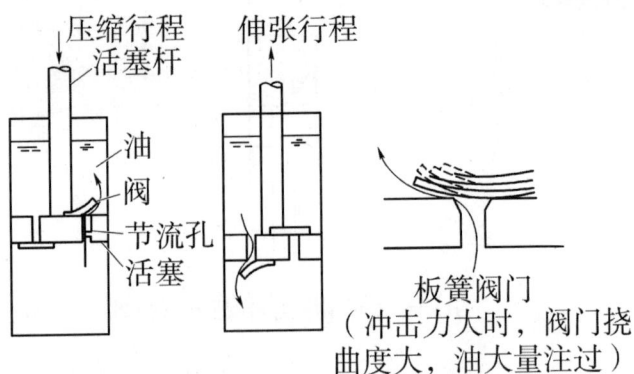

图 4-18　减振器原理示意图

在减振器内采用的不是普通油,而是一种称作电磁液的特殊液体,它是由合成碳氢化合物以及 $3 \sim 10 \mu m$ 大小的磁性颗粒组成,如图 4-19 所示。一旦控制单元发出脉冲信号,线圈内便会产生电压,从而形成一个磁场,并改变粒子的排列方式。这些粒子立即会按垂直于压力的方向排列,阻碍油液在活塞通道内的流动,从而提高阻尼系数,调整悬架的减振效果。

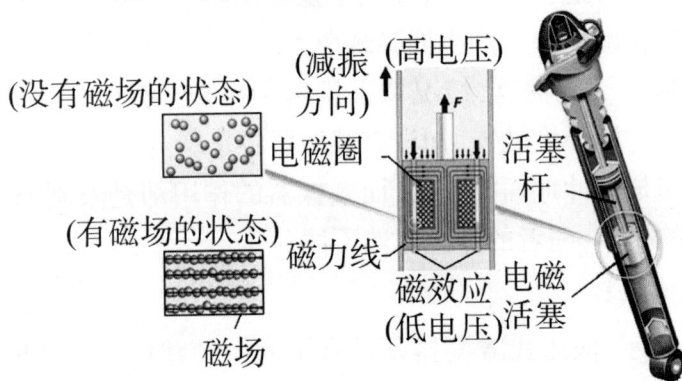

图 4-19　电磁减振器工作原理图

电磁悬架利用电极来改变减振筒内磁性粒子液体的排列形状,感测电控单元可在 1s 内连续反应 1000 次。

❸ 空气减振器

空气减振器又称空气弹簧,使用空气减振器的悬架又称空气悬架,如图 4-20、图 4-21 所示。

金属弹簧的弹性是固定不变的,而空气弹簧则不同,在压缩力较小时它的弹性较小,此时感觉柔软;当压缩力变大时,空气弹簧的刚性会增强,从而抑制车身的变化。同时,通过调节空气减振器中的空气容量,还可以不断改变减振器的阻尼大小和车身高度。虽然空气减振器性能卓越,但制造和维修成本较高,因此一般只有高档轿车或大型客车才会使用。

3 横向稳定杆

横向稳定杆又称防倾杆,如图4-22所示,它的两端分别固定于左右悬架上,它在汽车转弯时,可减小车身侧倾程度,使车身尽量保持平衡。一般在注重运动型的车型上采用,前后悬架都可使用。

如图4-23所示,稳定杆的工作原理是:当汽车转弯时,外侧悬架会压向稳定杆,这样稳定杆就会发生扭曲,由于稳定杆是个弹性杆,相当于一根扭杆弹簧,它的弹力会阻止车轮抬起,从而使车身尽量保持平衡。

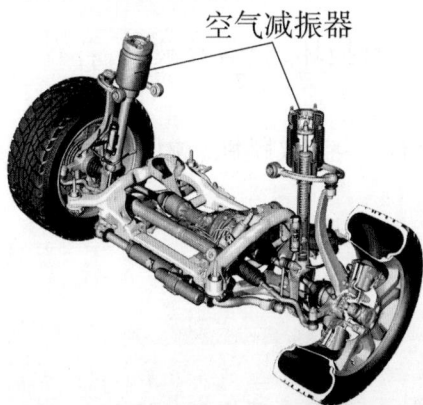

图 4-20 空气减振器结构

图 4-21 使用空气减振器的前双叉臂悬架

图 4-22 带横向稳定杆的前麦弗逊式悬架

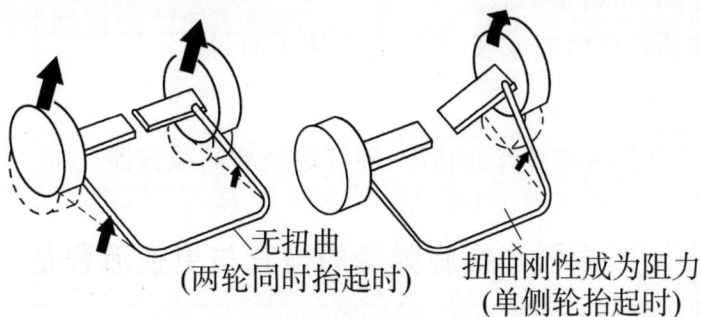

图 4-23 横向稳定杆的工作原理

引导问题 7 **悬架有哪些常见的故障？如何进行诊断和排除？**

1 减振器失效

❶ 故障现象

汽车在不平路面上行驶,车身强烈振动并连续跳动,有时在一定范围内会发生"摆头"现象。

❷ 故障原因

(1)减振器活塞杆脱落或橡胶衬套磨损破裂。

(2)减振器油量不足或存有空气。

(3)减振器活塞阀门密封不良。

(4)减振器活塞与缸筒磨损过量,配合松旷。

❸ 故障的诊断与排除

(1)检查减振器活塞杆螺母、橡胶衬套是否有损坏、脱落及破裂,若有,应及时维修或更换。

(2)用力按汽车保险杠,手放松,若车身能有 2～3 次跳跃,说明减振器良好,反之,故障在减振器内部,应拆下更换。

2 减振器漏油

❶ 故障现象

在减振器油封处或活塞连杆处有漏油痕迹。

❷ 故障原因

(1)油封垫圈、密封垫圈破裂。

(2)减振器活塞杆弯曲或表面拉伤,破坏了油封。

❸ 故障的诊断与排除

出现漏油现象和活塞杆弯曲情况,建议更换新的减振器。

引导问题 8 **减振器与螺旋弹簧的检查与更换流程是怎样的？**

图 4-24 所示为减振器与螺旋弹簧的检查与更换的一般性工艺流程。

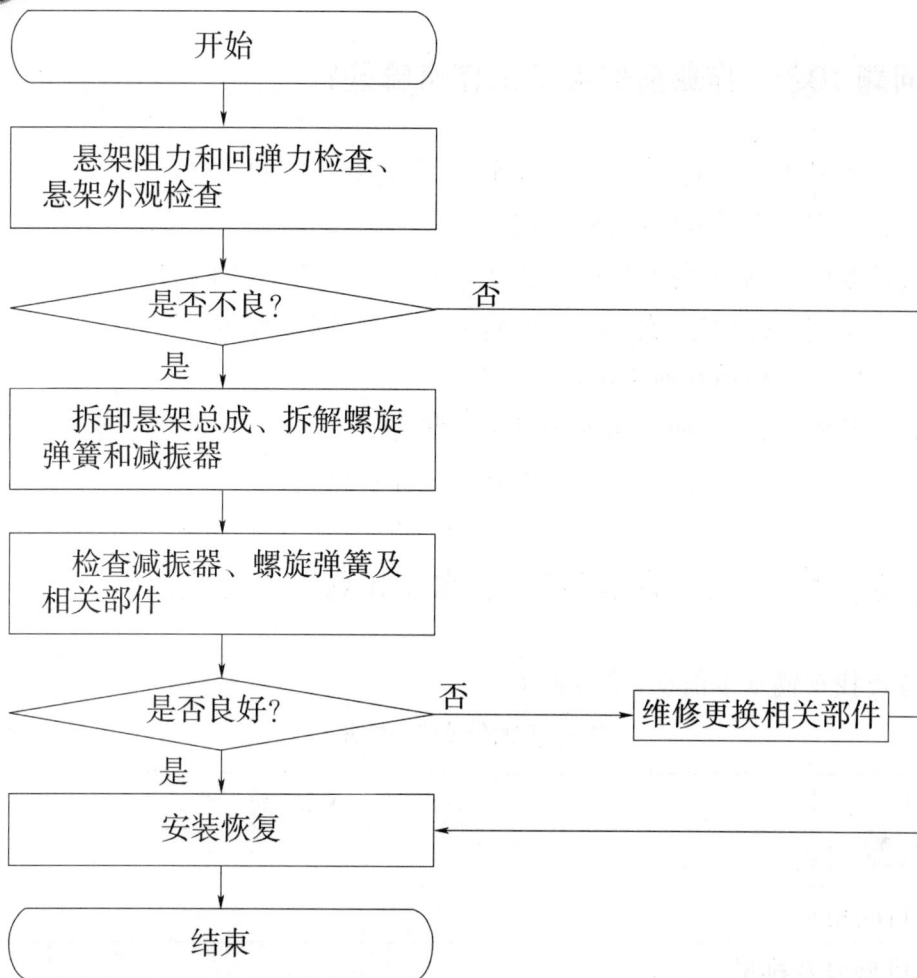

图 4-24　减振器与螺旋弹簧的检查与更换工艺流程

实施作业

引导问题9 ▶▶ **作业需要准备哪些工具、设备和材料?**

(1)卡罗拉轿车、举升机、高压气源。

(2)气动扳手、常规套筒扳手、车轮拆装工具、螺旋弹簧拆装工具。

(3)翼子板布、前格栅布、三件套。

(4)工具车、工作台、轮胎架。

引导问题 10 ▶▶ **作业前的准备工作有哪些?**

(1)汽车进入工位前,将工位清理干净,准备好相关的器材。

(2)将汽车停在举升机中央位置。

(3)拉紧驻车制动器操纵杆,并将变速杆置于空挡或驻车挡位置。

(4)套上转向盘护套、变速杆手柄套和座椅套,铺设脚垫。

(5)粘贴翼子板布和前格栅布。

(6)调整好举升机,使车辆处于可举升状态。

(7)穿戴好工作服和棉线手套,做好安全保护措施。

引导问题 11 ▶▶ **通过查询和查找,你能找到以下信息吗?**

(1)查找车辆基本信息,填写表4-1。

车辆基本信息工作表   表4-1

项　　目	具 体 信 息
车牌号码	
行驶里程	
发动机型号及排量	
车辆识别代码(VIN)	
前悬架类型	
后悬架类型	

(2)查阅卡罗拉轿车维修手册,在图4-25中方框内补充各零部件名称及螺栓(螺母)规定的拧紧力矩。

引导问题 12 ▶▶ **怎样规范地对前悬架进行拆装与检查?**

1 目视检查

悬架目视检查工作表见表4-2。

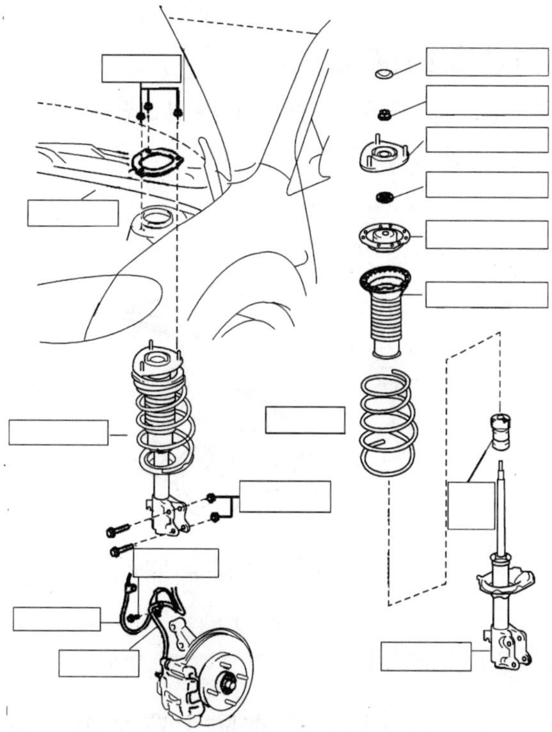

图 4-25   卡罗拉轿车前悬架结构

悬架目视检查工作表   表 4-2

检 查 项 目	检 查 结 果
轮胎气压	
减振器阻力感	
车辆是否倾斜	
减振器外观有无损坏	
减振器是否漏油	
车轮轴承是否松旷	
车轮轴承是否存在异响	
结果分析：	

❶ 检查悬架的压缩和回弹效果

（1）检查并确保轮胎气压正常，如图 4-26 所示。

（2）快速压下并弹起最靠近被检减振器的翼子板部位，如图 4-27 所示，检查减振器的阻力感,将测试结果与性能完好的车辆进行比较,各个减振器应具有相同的阻力感,否则,应对悬架进行检查。

(3)车辆处于水平地面,检查车辆是否倾斜,如图4-28所示。车辆左右两侧高度应相同,否则说明悬架系统有故障。

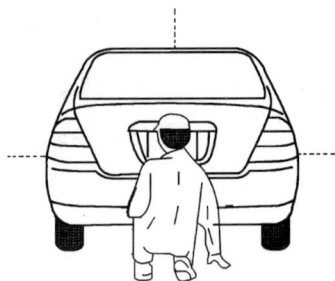

图4-26　检查轮胎气压　　　图4-27　检查减振器的　　　图4-28　检查车辆
　　　　　　　　　　　　　　　　　　阻力感　　　　　　　　　　　是否倾斜

❷ 悬架外观检查

(1)检查减振器是否变形,另外,检查防尘罩是否有裂纹或其他损坏,如图4-29所示。

(2)检查减振器是否漏油,如图4-30所示。

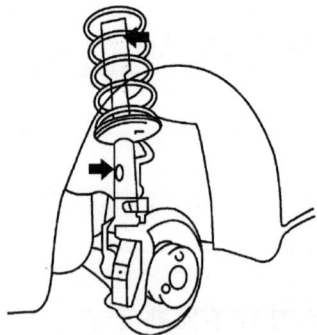

图4-29　检查减振器是否变形　　　　　图4-30　检查减振器是否漏油

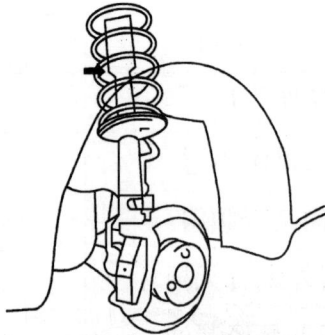

❸ 检查车轮轴承是否松旷和异响

(1)如图4-31所示,举升车辆,双手晃动车轮,检查车轮轴承是否松旷。

(2)如图4-32所示,举升车辆,双手转动车辆,检查车轮轴承是否存在异响。

2 拆装与检查

如果需要更换零部件或需要进一步检查,则按表4-3进行。

图4-31　检查车轮轴承是否松旷

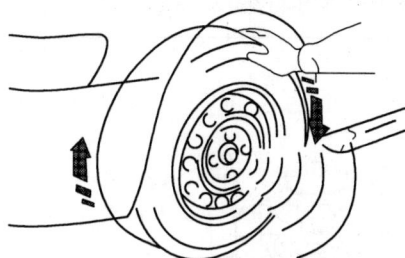

图4-32　检查车轮轴承是否存在异响

悬架的拆装与检查　　　　　　　　　　　　　　　表4-3

步骤	图　　示	内　　容	完成情况
		一、拆卸	
1		（1）使用举升机举升车辆，拆卸前轮； （2）拆离制动软管	是□　否□
2		拆卸带螺旋弹簧的减振器： （1）拆下悬架支架防尘盖，拧松带螺旋弹簧的前减振器的锁止螺母； **注意**：是拧松，暂时不能拆下锁止螺母。 （2）拆卸减振器与转向节连接螺栓； （3）拆下安装悬架支架的3个螺母	是□　否□

步骤	图　示	内　容	完成情况
3		固定带螺旋弹簧的减振器： （1）在减振器下侧的支架上安装2个螺母和1个螺栓，并将其固定在台虎钳上； （2）使用弹簧压缩器压紧螺旋弹簧； （3）拆下锁止螺母； （4）拆卸防尘罩油封、螺旋弹簧座、螺旋弹簧隔垫、螺旋弹簧、弹簧缓冲垫和减振器	是□　否□
		二、检查	
1		检查前减振器总成： 压缩和展开减振器推杆4次或更多次，应没有异常阻力或不正常声音，否则更换一个新的减振器	是□　否□
	是否有异常阻力和异常响声：是□　　否□ 结果分析：＿＿＿＿＿＿＿＿＿		
		三、重新装配	
1		安装前减振器： （1）将弹簧缓冲垫安装到减振器活塞杆上； （2）用弹簧压缩器压缩前螺旋弹簧； （3）将前螺旋弹簧安装到前减振器上； **注意**：把螺旋弹簧下端紧固到弹簧下支座缺口内。	

续上表

步骤	图　示	内　容	完成情况
1		（4）安装螺旋弹簧隔垫、上支座、防尘罩油封； 注意：上部隔垫带有"△"记号的朝向车辆外侧；上支座带有"OUT"记号的朝向车辆外侧。 （5）暂时紧固锁止螺母	是□　否□
		四、安装	
1		安装带螺旋弹簧的前减振器	是□　否□
	拧紧力矩为：_____		
2		安装悬架支架的3个螺母	是□　否□
	拧紧力矩为：_____		
3		安装制动软管螺栓	是□　否□
	拧紧力矩为：_____		

步骤	图　示	内　　容	完成情况
4		(1)完全拧紧锁止螺母; (2)安装前轮	是□　否□
	锁止螺母拧紧力矩为:＿＿＿＿＿＿＿ 车轮螺母拧紧力矩为:＿＿＿＿＿＿＿		

三 评价与反馈

对本学习任务进行评价,完成表4-4。

反馈评价表　　　　　　　　　　　　表4-4

请根据你自己在工作中和课堂上的表现,对自己进行客观的评价,看看你能获得几颗星?

评价项目	5颗星	3颗星	1颗星	评价结果
知识掌握情况	掌握相关理论知识,并能运用到实际操作中,任务完成良好	基本能够理解相关理论知识,能够完成相应工作	对相关理论知识不明白,不能或者难以完成相应的工作	
动手实践情况	积极参加,做好安全保护工作,注重工作质量	会动手实践,安全保护措施到位,工作质量较好	出现安全隐患,不知道如何动手实践	
小组合作情况	与小组成员配合工作很愉快	与小组其他同学配合工作交流较少	没有与其他同学进行交流	

评价项目	5 颗星	3 颗星	1 颗星	评价结果
6S 执行情况	值日认真,服从指挥,工位工装整洁,职业形象好	值日较认真,出现迟到或其他违纪情况	出现忘记值日,工位或工装不整洁的情况	
哪些方面需要改进				
教师点评				
学生姓名		小组长签名		
教师签名		日期		

四 学习拓展

(1)什么是非簧载质量？其质量大小对汽车有何影响？

非簧载质量是指悬架弹簧下方部件的质量,又称簧下质量,一般包括车轮、车轴等;与之相对应的是簧载质量,即悬架弹簧以上的质量,也即除了车轮、车轴以外的其他质量,以车身及车身包裹的质量为主。

簧载质量与非簧载质量的比值对汽车的振动影响较大,此值越大,汽车在过颠簸路段时的振动越小,反之亦然。因此为了提高汽车的舒适性,汽车设计才尽量提高簧载质量与非簧载质量的比值。但增加簧载质量后容易影响汽车的其他性能,因此只有尽量减小非簧载质量来提高簧载质量与非簧载质量的比值,从而提高汽车的舒适性。

(2)汽车的舒适性由悬架决定吗？哪种类型的悬架比较好？

决定汽车舒适性的因素很多,悬架因素只是其中之一,因此不能只凭悬架的性能来判断汽车的舒适性高低。但是,一般来讲,如果悬架偏软性,汽车的减振效果稍好些,其舒适性也较好些,这就好比坐在一辆没有弹簧的平板车上,和坐在一辆有弹簧的平板车上的区别。但是,并不是说悬架越软,其舒适性就较好,如果太软了反而会影响舒适性,甚至会造成车上人员晕车现象。

一般来讲,非独立悬架不如半独立悬架的舒适性好,半独立悬架不如独立悬架舒适性好,所以四轮独立悬架的车型,其舒适性较好些。但这只是从理论上分析的结果,实际中还要看厂家的具体调校效果如何。因此,具体车型的舒适性,只能进行具体的实际比较,不能仅凭悬架结构来做最后的判断。

另外,从某种意义上讲,舒适性和操控性往往是矛盾的,对于传统悬架,多连杆是解决此矛盾的一个最好办法。目前最为先进的悬架是多连杆式悬梁,它的最大特点是能让车轮尽最大可能与地面垂直,或者说让轮胎与地面尽可能地有最大的接触面,这样车身遇到不平路面时不至于左右摇晃。

学习任务五 下控制臂的检查与更换

学习目标

◎ **知识目标**

(1)能够理解控制臂在汽车悬架中的作用。

(2)理解控制臂的结构特点。

◎ **技能目标**

(1)能够对下控制臂及球节进行正确的检查。

(2)能够规范地进行下控制臂的拆装。

◎ **素养目标**

(1)能够制订工作计划,独立完成工作学习任务。

(2)能够在工作过程中,与小组其他成员合作、交流并进行学习任务分工,具备团队合作和安全操作的意识。

(3)养成服从管理,规范作业的良好工作习惯。

(4)培养安全工作的习惯。

建议完成本学习任务的时间为:4课时。

学习任务描述

一辆卡罗拉轿车,车主反映:该车在起步时底盘前方有异响,正常车速后异响减轻,需要你对悬架进行检查,确定故障部位并进行修理。

学习内容

```
控制臂的作用
                    下控制臂的检查与更换
控制臂的结构特点
                    检查下摆臂、球节及衬套

                    下摆臂的拆装和更换
```

一、资料收集

引导问题1 ▶ **什么是汽车悬架的控制臂? 它有什么作用?**

悬架系统是现代汽车上的重要总成,对汽车的行驶平顺性和操纵稳定性有很大的影响。如图5-1所示,控制臂(Control arm,又称摆臂)作为汽车悬架系统的导向和传力元件,将作用在车轮上的各种力传递给车身,同时保证车轮按一定的轨迹运动。

图5-1　双叉控制臂式悬架

控制臂通过球节(又称球铰链、球头)或者衬套把车轮和车身弹性地连接在一起。控制臂(包括与之相连的衬套及球节)应有足够的刚度、强度和使用寿命。

引导问题2 ▶ **控制臂球节有什么作用? 其结构是怎样的?**

球节将转向节连接到控制臂上,实际上它是一种球窝式的连接,与人肩膀上的关节相类似。球节允许转向节在转向时在控制臂之间偏转,它的结构如图5-2所示。球节螺栓从其座孔中经过护套(橡胶油封)穿出,护套将润滑脂封闭在座腔中并防止灰尘进入座腔中。有些球节需要定期进行润滑,而大多数球节则不需要进行定期润滑,免维护球节支撑在预润滑的尼龙基座中。

球节根据是否承受汽车的质量可分为承载球节和非承载球节两种。承载球节要支撑汽车的质量,一般位于支撑弹簧的控制臂中。而根据球节的受力方向的不同,承载球节又可分为承压球节和承拉球节,分别如图5-3和图5-4所示。

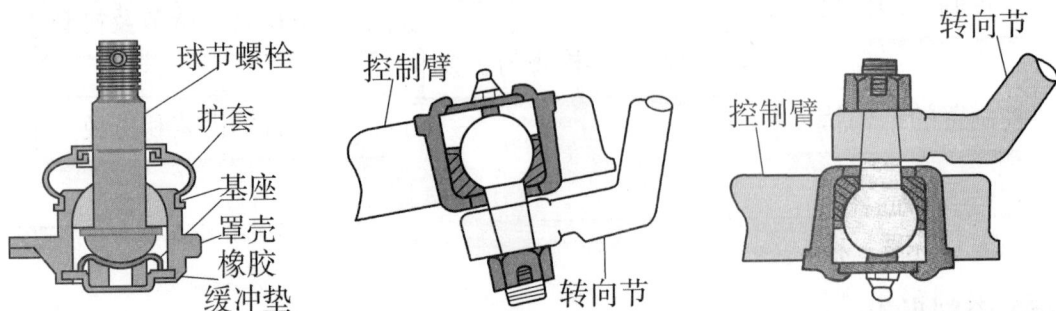

图 5-2 下控制臂球节

图 5-3 承压球节

图 5-4 承拉球节

非承载球节装在不支撑弹簧的控制臂上,且不承受汽车的质量。图5-5所示为麦弗逊滑柱式悬架,其只有一个球节,由于承受汽车的质量,故该球节为承载球节。再如图5-6所示为双叉臂式独立悬架,其有上、下两个球节,下球节承受汽车的质量而上球节不承受汽车的质量,故下球节为承载球节,上球节为非承载球节。

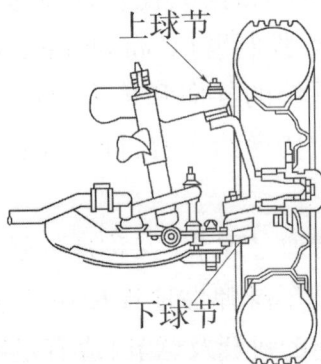

图 5-5 麦弗逊式悬架上的
承载球节

图 5-6 双叉臂式悬架上的承载球节与
非承载球节

引导问题3 ▶ **衬套**(或衬垫)**在悬架中有什么作用?**

在很多悬架元件中都能看到橡胶衬套(或衬垫),控制臂上的橡胶衬套如图5-7所示,横向稳定杆和滑柱中都设有衬套。衬套可以使悬架系统摆动自如,减少润滑点数量,允许较少的装配误差,衬套还有助于吸收路面的冲击,允许少量位移,并降低进入汽车的噪声。

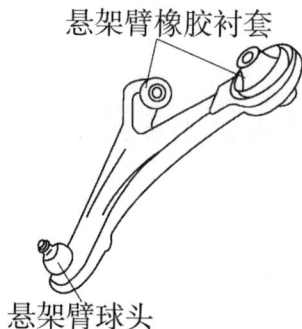

悬架臂橡胶衬套

悬架臂球头

图 5-7 控制臂上的橡胶衬套

引导问题 4 为什么需要对下控制臂、球节和衬套进行检查与更换?

下控制臂、球节和衬套属于汽车独立悬架的组成部件,连接车桥车轮和车架。在汽车长期使用过程中,下控制臂会产生变形、衬套磨损和球节磨损。下控制臂、球节和衬套的损伤,将导致汽车前轮定位失准、轮胎异常磨损、颠簸异响及行驶跑偏等故障发生,使汽车行驶安全性、乘坐舒适性及使用经济性明显下降。因此,应定期检查悬架下控制臂、球节和衬套,并及时更换损坏部件,保持车辆正常使用性能。

引导问题 5 下控制臂的检查与更换流程是怎样的?

图 5-8 所示为下控制臂的检查与更换的工艺流程。

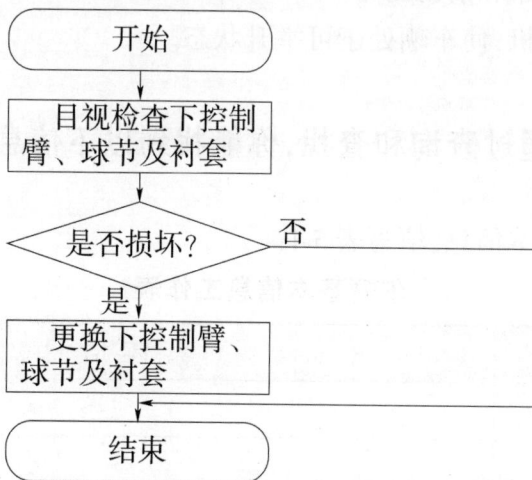

图 5-8 下控制臂的检查与更换工艺流程

小 提 示

更换悬架下控制臂及其球节、衬套后,必须进行车轮定位测量与调整。

● 实施作业

引导问题 6 **作业需要准备哪些工具、设备和材料?**

(1)卡罗拉轿车、举升机。

(2)常规套筒扳手、指针式扭力扳手、车轮拆装工具、旋具。

(3)翼子板布、前格栅布、三件套。

(4)工具车、工作台、轮胎架。

引导问题 7 **作业前的准备工作有哪些?**

(1)汽车进入工位前,将工位清理干净,准备好相关的器材。

(2)将汽车停在举升机中央位置。

(3)拉紧驻车制动器操纵杆,并将变速杆置于空挡或驻车挡(P挡)位置。

(4)套上转向盘护套、变速杆手柄套和座椅套,铺设脚垫。

(5)粘贴翼子板布和前格栅布。

(6)调整好举升机,使车辆处于可举升状态。

引导问题 8 **通过查询和查找,你能找到以下信息吗?**

(1)查找车辆基本信息,填写表5-1。

车辆基本信息工作表 表5-1

项　　目	具　体　信　息
车牌号码	
行驶里程	
发动机型号及排量	

续上表

项　　目	具 体 信 息
车辆识别代码(VIN)	
前悬架类型	
后悬架类型	

（2）查阅卡罗拉轿车维修手册,在图5-9中方框内补充各零部件名称及螺栓（螺母）规定的拧紧力矩。

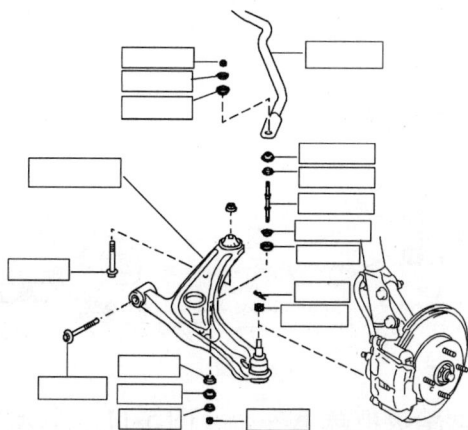

图5-9　卡罗拉轿车下控制臂结构

引导问题9　　怎样规范地对下控制臂进行拆装与检查?

1 目视检查

下控制臂目视检查工作表见表5-2。

下控制臂目视检查工作表　　表5-2

检 查 项 目	检 查 结 果
下控制臂球节间隙	
驱动轴护套	
下控制臂是否变形	
下控制臂各橡胶衬套	

（1）检查球节的上下滑动间隙。

①使用制动踏板压力器保持制动踏板被踩下，如图 5-10 所示。

小提示

踩下制动踏板，以便在球节上施加载荷，检查其上下滑动间隙。

②前轮垂直向前，举升车辆并且在一个前轮下放置一个高度为 180～200mm 的木块，如图 5-11 所示。

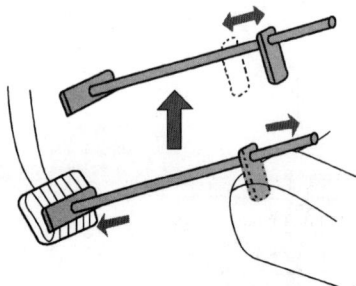

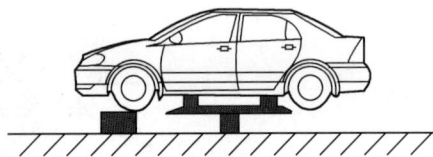

图 5-10　保持制动踏板被踩下　　　图 5-11　举升车辆并放置木块

③放低举升器直到前螺旋弹簧承载一半的负荷。

④再次确认前轮笔直向前。

⑤在下控制臂的末端使用工具检查球节的上下滑动间隙，如图 5-12 所示。

⑥检查球节防尘罩是否有裂纹或其他损坏，如图 5-13 所示。

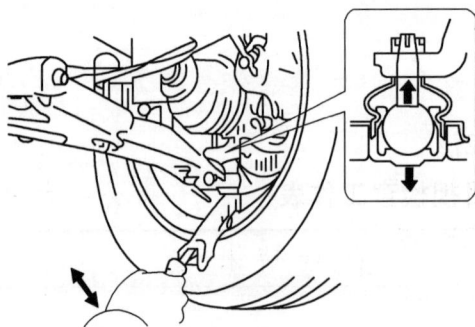

图 5-12　使用旋具检查球节间隙　　　图 5-13　检查球节防尘罩

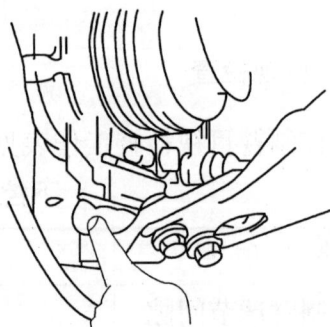

（2）如图 5-14 所示，一边转动车轮，一边检查驱动轴护套内、外侧是否有裂纹、渗漏。

（3）检查下控制臂是否有碰撞、敲击痕迹、锈蚀及变形现象。

（4）检查各橡胶衬套是否有偏磨、断裂及橡胶老化现象。

2 拆装与更换

如果下控制臂、球节或衬套有损坏，则按表5-3所示步骤进行拆装与更换操作。

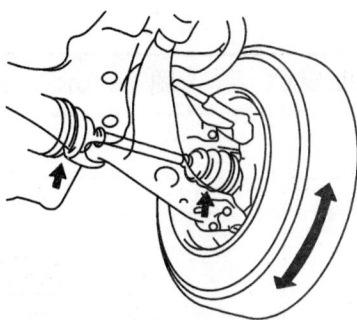

图5-14　检查驱动轴护套

下控制臂的拆装　　　　　　　　　　表5-3

步骤	图　　　示	内　　　容	完成情况
一、拆卸			
1		拆下前轮	是□　否□
2		拆下前稳定杆螺栓	是□　否□
3		分解左前下控制臂： （1）拆下夹子和螺母； （2）分开转向节与下悬架臂连接	是□　否□
4		拆下左前下控制臂	是□　否□

步骤	图　示	内　容	完成情况
	二、检查		
1		检查球节： (1)安装螺母,前、后摇动球节双头螺柱5次; (2)用扭力扳手,以2~4s转一圈的速度连续拧紧螺母,在第五圈时记下力矩读数	是□　否□
	标准拧紧力矩为:0.78~3.43N·m。 记录检测结果:＿＿＿＿＿;结果分析:＿＿＿＿＿		
	三、重新装配		
1		(1)临时拧紧左前下控制臂与副车架的连接螺栓; (2)安装下控制臂: ①用螺母将下控制臂安装到转向节上; ②安装新夹子	是□　否□
	下控制臂与转向节螺母的拧紧力矩为:＿＿＿＿＿＿ 小提示:安装新夹子时,如果夹子孔不对准,应进一步紧固螺母60°。		
2		安装前稳定杆螺栓	是□　否□
	拧紧力矩为:＿＿＿＿＿＿ 小提示:注意衬套和护圈要安装到位。		

步骤	图　示	内　　容	完成情况
3		（1）充分紧固下控制臂与副车架连接螺栓； （2）安装车轮,进行车轮定位测量和调整	是□　否□
	拧紧力矩:螺栓 A 为_____;螺栓 B 为_____		

三　评价与反馈

对本学习任务进行评价,完成表5-4。

反馈评价表　　　　　　　　　　　　表5-4

请根据你自己在工作中和课堂上的表现,对自己进行客观的评价,看看你能获得几颗星?

评价项目	5 颗星	3 颗星	1 颗星	评价结果
知识掌握情况	掌握相关理论知识,并能运用到实际操作中,任务完成良好	基本能够理解相关理论知识,能够完成相应工作	对相关理论知识不明白,不能或者难以完成相应的工作	
动手实践情况	积极参加,做好安全保护工作,注重工作质量	会动手实践,安全保护措施到位,工作质量较好	出现安全隐患,不知道如何动手实践	

评价项目	5 颗星	3 颗星	1 颗星	评价结果
小组合作情况	与小组成员配合工作很愉快	与小组其他同学配合工作交流较少	没有与其他同学进行交流	
6S 执行情况	值日认真,服从指挥,工位工装整洁,职业形象好	值日较认真,出现迟到或其他违纪情况	出现忘记值日,工位或工装不整洁的情况	
哪些方面需要改进				
教师点评				
学生姓名		小组长签名		
教师签名		日期		

四 学习拓展

(1)请查找资料,如果下控制臂变形,卡罗拉轿车会出现哪些故障现象?

(2)衬套在悬架中有何作用?

(3)控制臂有何作用?

学习任务六 电控悬架的检查与维护

学习目标

◎ **知识目标**

(1)了解电控悬架对行驶稳定性和舒适性的影响。

(2)熟悉三种主流电控悬架的组成和工作原理。

◎ **技能目标**

(1)能够为空气弹簧充气或放气并检查空气是否泄漏。

(2)能够正确拆卸和更换空气弹簧或空气弹簧减振柱。

(3)能够利用解码器获取电控悬架相关信息。

◎ **素养目标**

(1)能够制订工作计划,独立完成工作学习任务。

(2)能够在工作过程中与小组其他成员合作、交流并进行学习任务分工,具备团队合作和安全操作的意识。

(3)养成服从管理、规范作业的良好工作习惯。

(4)培养安全工作的习惯。

建议完成本学习任务的时间为:6 课时。

学习任务描述

一辆奥迪 A6 轿车,车主反映该车前部左右悬架高度不一样,需要你对该车的电控悬架进行检查,并更换损坏部件。

学习内容

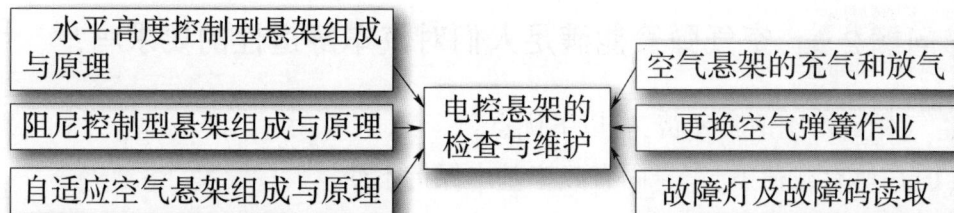

水平高度控制型悬架组成与原理

阻尼控制型悬架组成与原理

自适应空气悬架组成与原理

电控悬架的检查与维护

空气悬架的充气和放气

更换空气弹簧作业

故障灯及故障码读取

注意事项

(1)在工作过程中要注意人身安全,认真执行6S管理。

(2)在工作过程中根据操作步骤规范操作,防止损坏设备和器材。

(3)严格按照工作要求正确使用仪器设备,出现问题及时报告,服从管理。

一、资料收集

引导问题1 **什么是汽车弹簧的刚度? 车辆具有怎样的弹簧刚度最合适?**

弹簧刚度简单来说,就是弹簧受到的力和变形量的比值,直观的感受就是,弹簧刚度越高,弹簧越"硬";弹簧刚度越低,弹簧越"软"。

对于传统的配有钢质弹簧的车辆来说,当车辆通过路面的凹凸不平处时,弹簧会有变形,车身就会产生振动,但是,这个振动的频率在不同的载质量或不同的弹簧刚度情况下会产生变化:

(1)当车身较重或弹簧较软时,车身的固有频率较低,弹簧的振幅就较大。

(2)当车身较轻或弹簧较硬时,车身的固有频率较高,弹簧的振幅就较小。

根据人体的普遍感觉,车身固有频率在1Hz以下时容易使人感到恶心(晕车),但超过1.5Hz就会影响行驶舒适性,超过5Hz就会有明显的震荡感。为了使人感觉舒适,在任何载荷下,如果能将车身固有频率保持在1～1.5Hz的恒定值,那将是很理想的。

这样的要求,对传统的钢质弹簧提出了很大的挑战,因为车辆的载荷会发生变化,从而导致车身固有频率发生变化,超出了舒适的范围。尽管市面上许多已经装配了渐增刚度的钢质弹簧,但只能起到一定的改善效果,并不能满足越来越挑剔的消费者对车辆舒适性的要求。

引导问题2 **空气弹簧能满足人们对汽车舒适性的要求吗?**

空气弹簧相比钢质弹簧,有以下优点:

(1)在所有载荷下,车身固有频率基本保持不变。

(2)车身高度受载荷变化影响小,车轮室所需要的空间较小。

（3）在所有载荷下,弹簧压缩和伸长的行程不变,提高了行驶稳定性。

（4）前束和前轮外倾角的变化不取决于载荷情况。

（5）悬架球头弯曲角较小,延长球头寿命。

（6）理论上可以承受更大的载荷。

（7）通过改变空气弹簧内的空气压力,可以实现不同的车身高度。

综合以上的优点,在使用性能方面,空气弹簧具有明显的优势,能更好地满足汽车行驶稳定性和舒适性的要求。

引导问题3 **什么是减振器的阻尼力及振动衰减度？它们的强度对汽车行驶及舒适性产生什么影响？**

弹簧在拉伸或者压缩时会受到减振器的阻力影响,使得弹簧的能量逐渐衰减且振动减弱。减振器阻尼力越大,则弹簧振荡衰减越快,也就是振动衰减度越高;反之,减振器阻尼力越小,则振动衰减度越低。

还有一种因素会影响振动衰减度:在减振器阻尼力恒定的情况下,车身质量的变化会使振动衰减度发生变化。增大车身质量,衰减度会降低,也就是说振动被抑制住的速度变慢了;减小车身质量,衰减度会增大,振动被抑制的速度变快了。

理想的状态是:当车身质量发生变化时(负载变化),振动衰减度保持一个恒定值不变,这对行驶稳定性和舒适性都是颇有好处的。然而,传统的减振器无法改变其阻尼力,当载客量或载质量发生变化时,振动衰减度也会随之变化。于是,可变阻尼力的减振器便应运而生了。

引导问题4 **可变阻尼减振器的结构和原理是怎样的？**

可变阻尼减振器与传统减振器不同,如图6-1所示,它在减振器的根部增加了一个凸起的执行器,这种电子调节执行器与减振器集成为一体,可以控制减振器上下两个油腔的油液通孔的大小,油液通孔的变化,实际上就是改变减振器的减振阻尼。减振器上凸起的执行器内部实际上是一个电磁阀,由悬架控制模块根据计算结果提供控制电流,控制电流在0~1.6A之间,以毫秒为单位进行变化,由执行器控制的上下两腔的油液通孔也随之发生变化,从而实现减振器的阻尼调节。

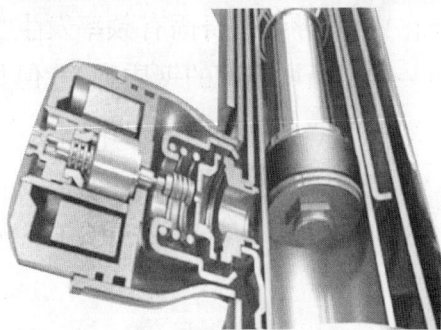

图6-1 可变阻尼减振器

水平高度控制型电控悬架由哪些部件组成?控制原理是什么?

水平高度控制型悬架为舒适性系统,该系统主要由控制模块接收车身悬架位置传感器的信号判断车辆载荷的变化,然后通过向后减振器气囊充气或排气的方式来调节车身后部高度(部分车型前后均可调节)。

(1)该系统的组成有:

①电控悬架控制模块。电控悬架控制模块(ESC)位于行李舱内部,是整个系统的控制中心,如图6-2所示,该模块检测来自悬架高度传感器和气压传感器的输入信息,在车辆载荷变化时,确定改变悬架高度的时间和位置。

②悬架高度传感器。两个悬架高度传感器分别安装在左后和右后悬架控制臂上方,与后悬架的上控制臂相连,如图6-3所示。该传感器利用霍尔效应原理,由ESC提供5V电压,传感器发出0.35~4.75V信号电压并传给ESC用来检测车身后部的垂直高度。

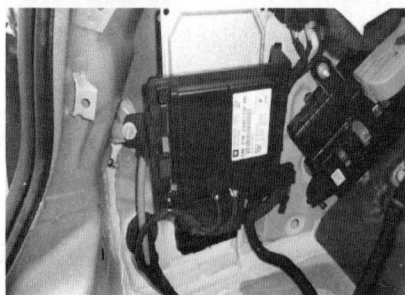

图6-2 电控悬架控制模块

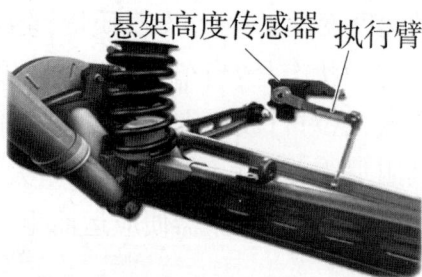
悬架高度传感器 执行臂

图6-3 悬架高度传感器

③后减振器总成。后减振器总成包括普通阻尼减振器和气囊,如图6-4所示,气囊安装在减振器外围,当气囊压力增加时将会膨胀。压力越大则车身后部越高,反之高度越低。

图6-4 带气囊的后减振器总成

④空气压缩泵。空气压缩泵是一个12V直流永磁电动机,如图6-5所示,由ESC通过压缩泵继电器进行驱动,为防止空气温度过高,空气压缩泵每次工作时间限制在255s以内。

⑤空气干燥器。空气干燥器安装在空气压缩泵出口处,具有吸收压缩空气中水分防止减振器内部积水的功能。空气干燥器内部包含一个限压阀,限制系统

压力超出安全阀值。

⑥气压传感器。气压传感器一般位于空气压缩泵输出管路上,如图 6-6 所示,ESC 通过气压传感器的信号电压来判断空气压缩泵是否发挥作用及系统气压是否稳定。

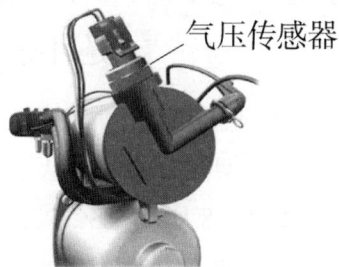

图 6-5　带空气干燥器和继电器的空气压缩泵　　图 6-6　气压传感器

⑦排气电磁阀。排气电磁阀位于空气压缩泵总成中,通电时该电磁阀打开,气囊排出空气,降低车身高度。同时也具有限压功能,限制管路最大压力。

⑧空气软管。空气软管是弹性软管,连接空气压缩泵和后减振器,用于传输压缩空气,是一个不可维修部件。

(2)水平高度控制型悬架的控制原理如下。

如图 6-7 所示,ESC 接收悬架高度传感器和气压传感器输入的信息,对空气压缩泵和排气阀进行控制,以实现车身高度在加载或减载后始终保持在车辆整备高度范围内。

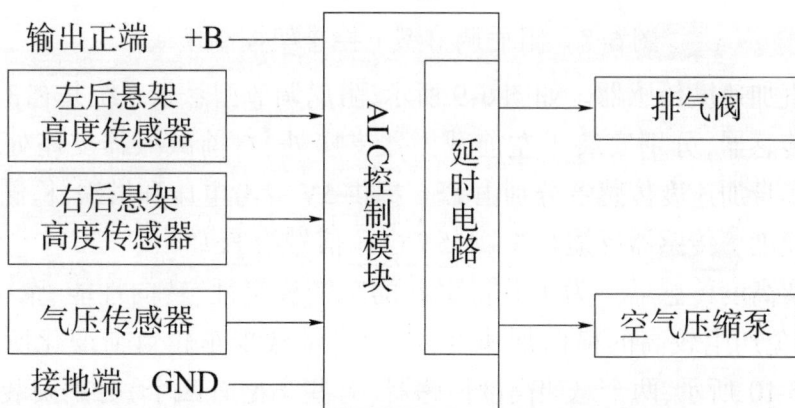

图 6-7　自动水平高度控制(ALC)悬架的控制原理

当车辆增加载质量使车身高度下降时,悬架高度传感器监测到车身高度下降并将信号传给 ESC,ESC 再控制空气压缩泵工作,给减振器气囊充气,当车身达到预定高度后,空气压缩泵停止工作。当车辆卸载后,车身升高,则ESC控制排气阀打开使悬架高度下降到预设高度。延时电路用来避免路面不平造成的车身高度误判。

引导问题6 ▶ 阻尼控制型电控悬架由哪些部件组成?其工作原理是什么?

(1)阻尼控制型电控悬架主要由以下部件组成:

①悬架控制模块。悬架控制模块(ESC)安装于车辆的后部,且连接在高速网络上。如图6-8所示,ESC接收加速度传感器、车速、转向盘位置、偏航率、制动压力等信号,根据这些信号计算出所需阻尼的大小,从而控制每个减振器内执行器电流。

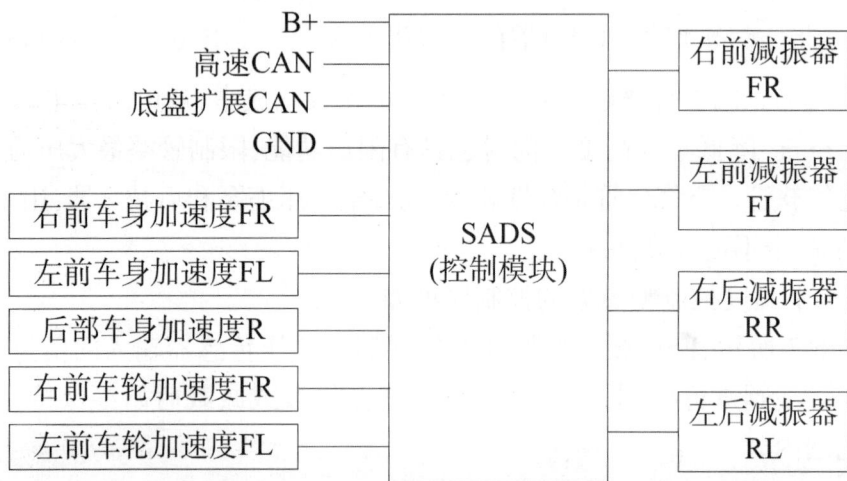

图6-8　阻尼调节型电控悬架控制模块

②垂直加速度传感器。如图6-9所示,阻尼调节型悬架系统共有3个车身垂直加速度传感器,分别安装于左前减振器支座处、右前减振器支座处和行李舱内。三个车身加速度传感器分别由ESC提供5V参考电压和搭铁,检测车身各部位垂直加速度。传感器反馈0.5~4.5V电压信号给ESC。

③悬架高度传感器。为了获得更好的车辆稳定性、转向性能、牵引能力、制动性能,避免产生较高的横向加速度,需要尽量减少车轮负荷变化所带来的影响。如图6-10所示,两个悬架高度传感器(有些车型有四个)分别安装在两个前轮控制臂和车身之间,直接检测车轮的垂直运动状态。

④电控可变阻尼减振器。该减振器通过电子控制的方式改变减振器内部油液通孔的大小,从而改变减振阻尼。控制电流的大小调节可通过电压占空比调节的方式获得。

图6-9　垂直加速度传感器

传感器

图6-10　悬架高度传感器

（2）阻尼调节型悬架的工作原理：如图6-11所示，ESC根据车速、转向盘转角、发动机转矩、制动压力、车身加速度传感器以及车身倾斜传感器等输入信息控制减振器电磁阀的开度。此外，有的车辆具有模式选择开关，驾驶人可以通过模式开关选择不同的响应模式（如舒适、运动等），以满足不同的驾驶习惯和需求。

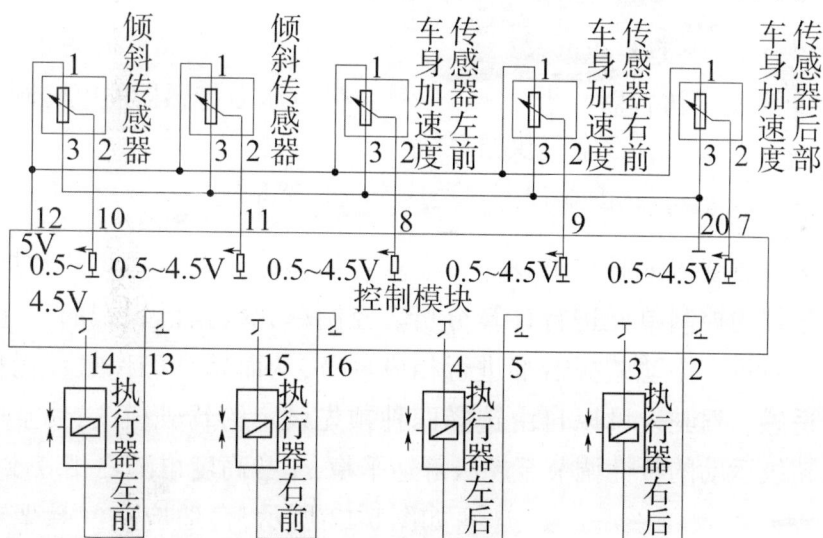

图6-11　阻尼调节型悬架工作原理

引导问题7　什么是自适应空气悬架？

自适应空气悬架结合了水平高度控制型悬架和阻尼控制型悬架的部件和功能，是最为高级的悬架类型，它包含了电控悬架控制模块（ESC）、悬架高度传感器、垂直加速度传感器、空气弹簧减振器总成（含电磁阀）、气压传感器、排气电磁阀、空气压缩泵、空气干燥器等主要部件。

以奥迪轿车的自适应空气悬架为例,它是一种电子控制的带有连续可变阻尼控制的空气悬架系统,如图6-12所示,它彻底解决了豪华轿车追求卓越的操控性和高速行驶时的舒适性之间长期存在的矛盾。

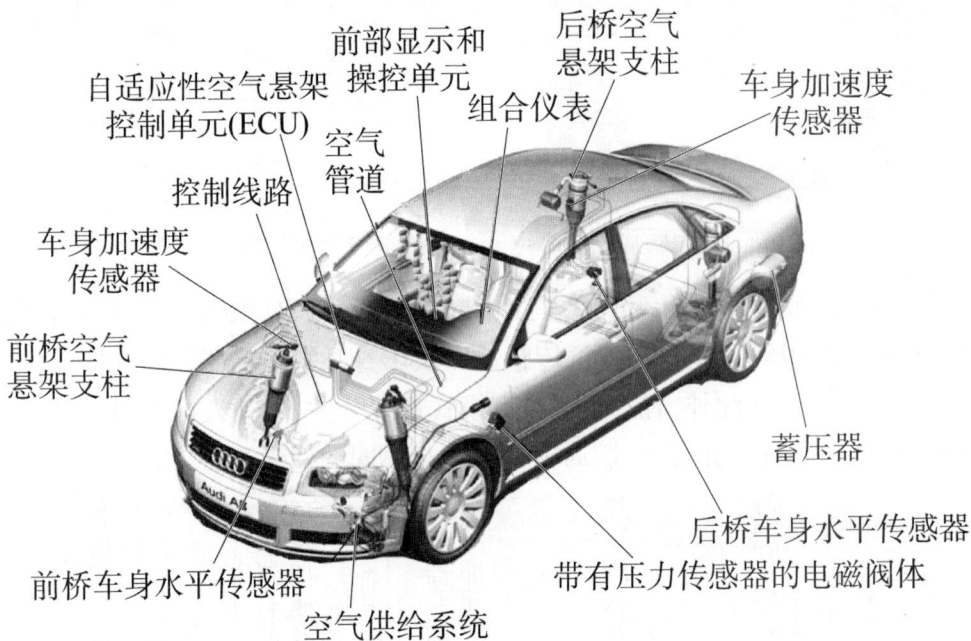

图6-12　自适应空气悬架系统

四个悬架高度传感器与车身的三个垂直加速度传感器采集的数据,由自适应性空气悬架的控制单元进行计算分析。控制单元根据已识别的车速状况,以毫秒为单位对每个振动减振器都进行相应调节,从而始终确保最佳操控性和完美驾驶舒适感。驾驶人可以自由选择四种预先设定的驾驶模式,使空气悬架范围可以从超级运动的特性调节至超级舒适平稳,车身高度也随之相应改变。

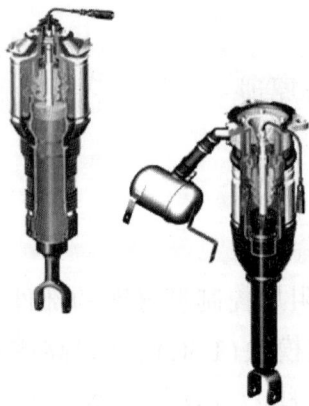

图6-13　空气弹簧减振器总成

如图6-13所示,自适应空气悬架通常将空气弹簧和电控可变阻尼减振器结合在一起,成为空气弹簧减振器总成,因此,空气减振器的硬度和弹性系数是可调的。与传统汽车悬架系统相比较,空气悬架具有很多优势。例如,高速行驶时,悬架可以变硬,以提高车身稳定性;低速行驶时,如果经过颠簸路面,控制单元使悬架变软来提高减振舒适性。另外,空气悬架系统还能自动保持车身水平高度,无论空载还是满载,车身高度都能恒定不变,这样,在任何载荷情况下,悬架系统的弹簧行程都保持一定,从而使减振特性基本不会受到影响。

引导问题8 怎样对自适应空气悬架进行检查?

图6-14所示为电控悬架的检查流程。

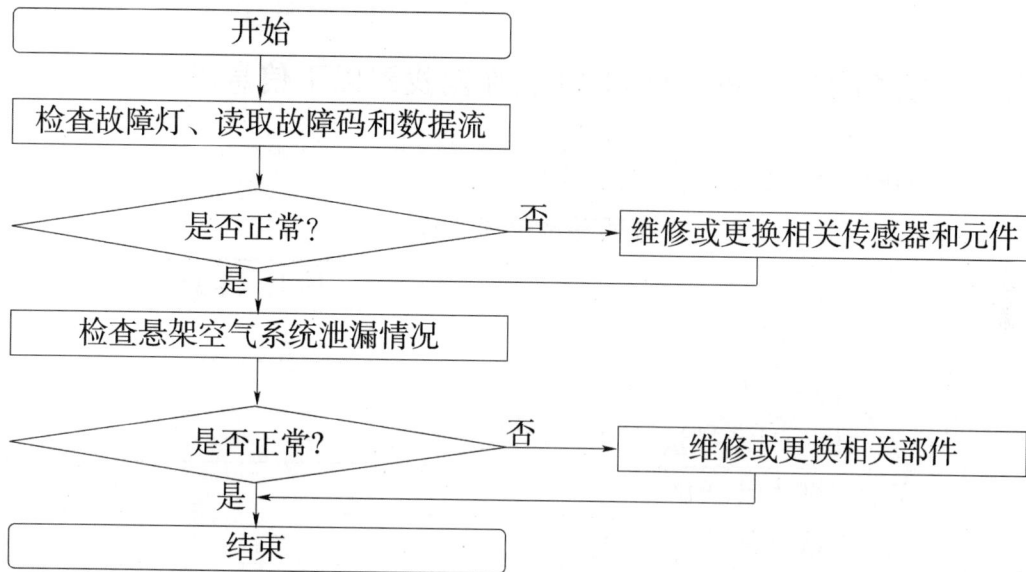

```
            开始
             │
             ▼
   检查故障灯、读取故障码和数据流
             │
             ▼
        是否正常? ──否──→ 维修或更换相关传感器和元件
             │是                      │
             ◄────────────────────────┘
             ▼
     检查悬架空气系统泄漏情况
             │
             ▼
        是否正常? ──否──→ 维修或更换相关部件
             │是                   │
             ◄─────────────────────┘
             ▼
            结束
```

图6-14 电控悬架的检查流程

二、实施作业

引导问题9 作业需要准备哪些工具、设备和材料?

(1)奥迪轿车(带空气悬架)、举升机、高压气源。

(2)气动扳手、常规套筒扳手、车轮拆装工具、解码器、空气悬架泄漏检测仪、肥皂水。

(3)翼子板布、前格栅布、三件套。

(4)工具车、工作台、轮胎架。

引导问题10 作业前有哪些准备工作?

(1)汽车进入工位前,将工位清理干净,准备好相关的器材。

(2)将汽车停在举升机中央位置。

（3）拉紧驻车制动器操纵杆，并将变速杆置于空挡或驻车挡位置。

（4）套上转向盘护套、变速杆手柄套和座椅套，铺设脚垫。

（5）粘贴翼子板布和前格栅布。

（6）调整好举升机，使车辆处于可举升状态。

（7）穿戴好工作服和棉线手套，做好安全保护措施。

引导问题 11 ▶ **通过查询和查找，你能找到以下信息吗？**

（1）查找车辆基本信息，填写表6-1。

车辆基本信息工作表　　　　　　表6-1

项　　目	具 体 信 息
车牌号码	
行驶里程	
发动机型号及排量	
车辆识别代码（VIN）	
前悬架类型	
后悬架类型	

（2）查找维修手册，认识以下零部件名称及安装力矩。

如图6-15所示，该部件为空气弹簧与减振器一体的前轮空气悬架；如图6-16所示，该部件为空气弹簧与减振器分开的后轮空气悬架。请在维修手册上找到相关内容，熟悉其结构、名称和拆装要求。

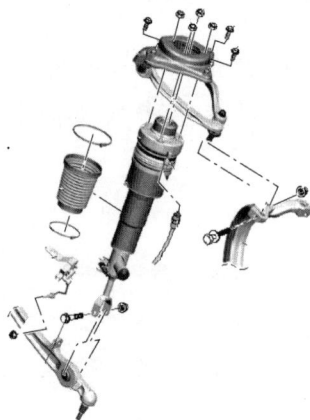

图6-15　奥迪A6前轮空气悬架

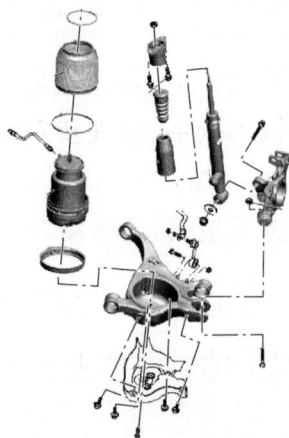

图6-16　奥迪A6后轮空气悬架

引导问题 **12** 怎样检查空气悬架故障指示灯及读取故障码?

如图 6-17 所示,当车辆仪表板"空气悬架故障"指示灯点亮时,说明空气悬架存在故障。可以利用解码器连接车辆进行故障码的读取,获得更为详细的故障码和数据。

图 6-17 空气悬架故障指示灯

引导问题 **13** 怎样给空气悬架充气或排气?

1 车上空气悬架总成

对于车上的空气悬架,当对它进行检查或者拆装时,需要进行充气或排气操作。例如,检查空气悬架是否存在泄漏时,需要对空气悬架进行充气,增加气压以更好地检查泄漏点;拆卸空气悬架时,必须对其进行排气操作才可进行拆卸作业,否则有可能造成人身伤害;在空气悬架安装完毕后,需要对空气悬架进行充气。人们往往使用解码器来启动空气压缩机,并且为充气空气弹簧的电磁阀通电。操作步骤如下:

(1)连接解码器,打开点火开关。

(2)选择"功能"菜单—"底盘"—"系统排气或充气"—"左前、右前、左后、右后悬架"。

注意:部分车型可在汽车仪表菜单中进行充气或排气操作,有的车型设置有空气悬架系统控制开关,在维修前须断开此开关。有的空气弹簧有余压保持阀,在系统和悬架排气后,空气弹簧仍然保留一定的压力,如需完全排气,则要旋出余压保持阀及软管使该空气弹簧气体完全泄放。

2 仓库存放的空气悬架总成

当存放空气悬架时,空气悬架内的压力应保持在充气状态的最低压力,长时间的放置会使得压力降低(像轮胎一样),此时需要给空气悬架充气,避免长时间的瘪气造成气囊损坏,操作方法如下:如图6-18所示,利用充有氩气或氮气的钢瓶、连接管和气压表,通过连接件将气体充入空气弹簧,充气压力为0.35MPa,不能超过0.45MPa。

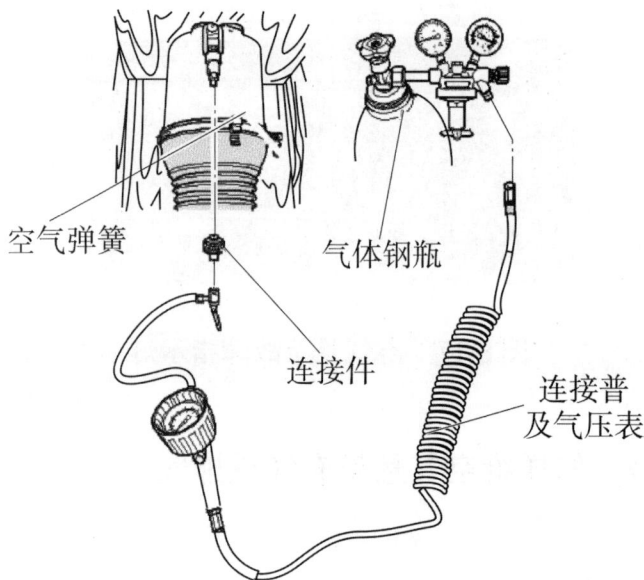

图 6-18　对仓库存放的空气悬架进行充气

引导问题14　**怎样对空气悬架进行泄漏检查?**

图 6-19　利用空气悬架泄漏
　　　　　检测仪检查泄漏

泄漏是空气悬架经常遇到的故障,可以通过以下步骤确定泄漏部位。

(1)利用解码器对空气悬架进行充气(如泄漏明显,可听到"嘶嘶"声),读取空气悬架压力传感器数据流,等待5min,观察压力是否下降。

(2)如果压力下降,则管路或接头可能存在泄漏,可利用局部喷肥皂水进行检查。

(3)如果管路和接头没有泄漏,则可能是空气弹簧产生泄漏。断开空气弹簧连接管路,如图6-19所示,连接空气悬架泄漏检测仪,利用检测仪对该空气弹簧进行充气,观察检测仪压力表,如果压力下降,则说明该空气弹簧存在泄漏。

引导问题 15 ▶ 怎样对后悬架空气弹簧进行拆装作业?

请按照表 6-2 的步骤和内容完成后悬架空气弹簧的拆装作业。

后悬架空气弹簧拆装作业步骤和内容　　　表 6-2

步骤	图　示	内　容	完 成 情 况
一、拆卸			
1		(1)举升车辆; (2)使用解码器对系统进行排气; (3)拆下车轮并松开电器插头	是□　否□
2		松开连接器 2 与空气管路 1,完全泄放空气弹簧压力	是□　否□
3		松开空气弹簧螺栓 1	是□　否□
4		小心取出空气弹簧 1	是□　否□
二、安装			
1		空气弹簧上的凸缘 1 对准摆臂上的凹槽 2 并放置到位	是□　否□

步骤	图　示	内　　　容	完成情况
2		(1)拧紧空气弹簧螺栓1; (2)连接电器插头; (3)使用解码器对系统及空气弹簧充气; (4)安装车轮; (5)降下举升机,拧紧车轮	是□　否□

三 评价与反馈

对本学习任务进行评价,见表6-3。

反馈评价表　　　　　　　　　　　　　表6-3

请根据你自己在工作中和课堂上的表现,对自己进行客观的评价,看看你能获得几颗星?

评价项目	5颗星	3颗星	1颗星	评价结果
知识掌握情况	掌握相关理论知识,并能运用到实际操作中,任务完成良好	基本能够理解相关理论知识,能够完成相应工作	对相关理论知识不明白,不能或者难以完成相应的工作	
动手实践情况	积极参加,做好安全保护工作,注重工作质量	会动手实践,安全保护措施到位,工作质量较好	出现安全隐患,不知道如何动手实践	

续上表

评价项目	5 颗星	3 颗星	1 颗星	评价结果
小组合作情况	与小组成员配合工作很愉快	与小组其他同学配合工作交流较少	没有与其他同学进行交流	
6S 执行情况	值日认真,服从指挥,工位、工装整洁,职业形象好	值日较认真,出现迟到或其他违纪情况	出现忘记值日,工位或工装不整洁的情况	
哪些方面需要改进				
教师点评				
学生姓名		小组长签名		
教师签名		日期		

项目三
转向系统的检修

项目描述

本项目通过对不同类型转向系统的认识,了解不同类型转向系统的基本结构和基本组成,通过完成四个学习任务,掌握转向系统的基本类型、基本结构和基本工作原理,同时掌握转向系统维修的基本要求和规范,能够进行转向系统的常见维修工作,为后续的项目学习打下良好的基础。

学习任务七　转向系统的基本检查与前轮前束的调整

学习目标

◎ 知识目标

(1)认识转向系统的组成元件。

(2)能说出车辆前束的作用和测量调整方法。

(3)能叙述转向系统的基本工作原理。

◎ 技能目标

(1)能够拆卸和检修转向传动机构的元件。

(2)能够对车轮的前束进行检查和调整。

(3)会正确进行作业前的准备工作。

◎ **素养目标**

(1)能够制订工作计划,独立完成工作学习任务。

(2)能够在工作过程中,与小组其他成员合作、交流并进行任务分工,具备团队合作和安全操作的意识。

(3)养成服从管理、规范作业的良好工作习惯。

(4)培养安全工作的习惯。

建议完成本学习任务的时间为:4 课时。

学习任务描述

一辆威驰轿车,车主反映:轮胎出现异常磨损,需要你对转向系统进行检修,确定故障部位并排除故障。

学习内容

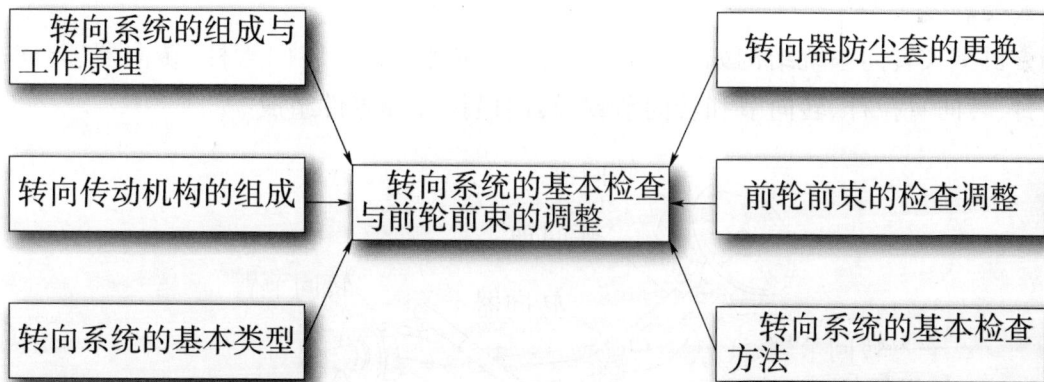

注意事项

(1)注意人身安全,认真执行 6S 管理。

(2)工作过程中,保持工位环境整洁,按照环保要求对废物进行处理。

(3)严格遵守拆装规程,避免人为损坏零部件。

一 资料收集

引导问题 1 ▶ 转向系统的主要作用是什么？转向系统由哪些元件组成？

汽车转向系统的主要作用是使驾驶人稳定可靠地控制车辆的行驶方向，保证车辆正常行驶。转向系统通常由转向操纵机构、转向器和转向传动机构组成。

转向操纵机构的主要作用是把驾驶人的转向力矩传递给转向器，主要由转向盘和转向轴等组成。

转向器的主要作用是把转向盘的转动变为转向摇臂的摆动或转向齿条的直线往复运动，并把转向盘的力矩增大后传递给转向传动机构。

转向传动机构的主要作用是将转向盘的转矩传递给前轮，保证左右转向轮之间的正确转向关系，实现转向功能。转向传动机构主要由转向摇臂、转向直拉杆、转向节臂和转向节、转向横拉杆等零件组成。

汽车转向系统按转向动力源的不同，分为机械式转向系统和动力转向系统两大类。

机械式转向系统结构如图 7-1 所示，主要由转向盘、转向管柱、转向器、转向摇臂、转向直拉杆、转向节和转向节臂、转向横拉杆等零件组成。

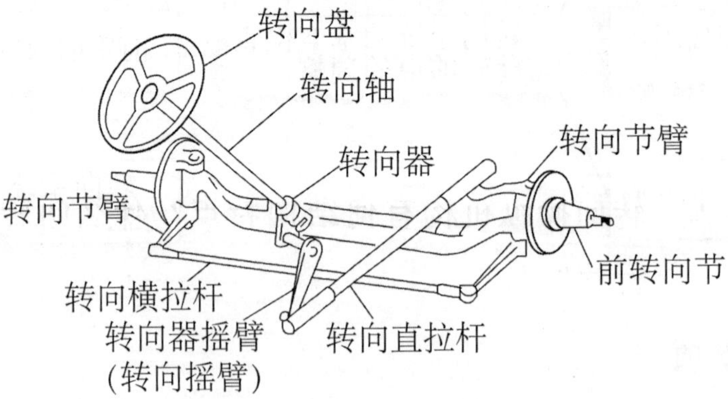

图 7-1　机械式转向系统结构

动力转向系统是在机械式转向系统的基础上加设一套转向动力装置而形成的，其结构如图 7-2 所示，其主要特点是在机械式转向系统的基础上增加动力转向油泵、储油罐、转向油管等零部件。

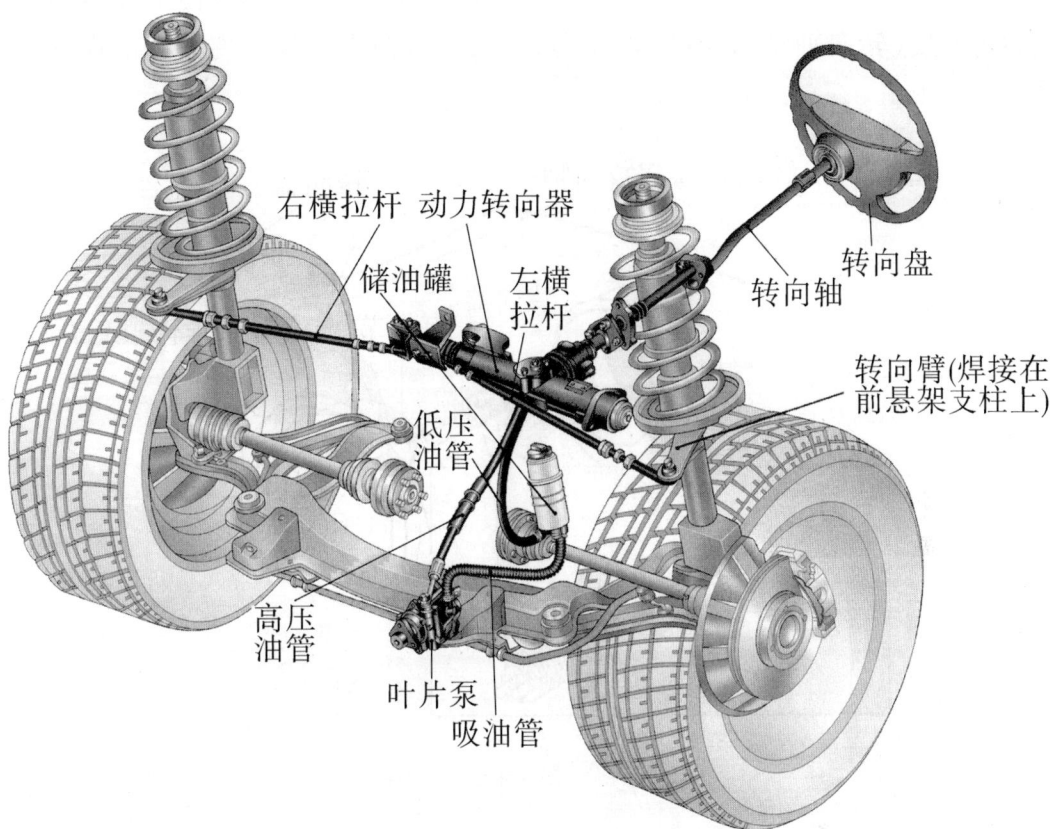

图 7-2 动力转向系统结构

与采用机械式转向系统相比,动力转向系统的主要优点是:驾驶人只需要用较小的转向力矩便可以实现车辆的方向控制,降低了驾驶人的劳动强度,提高了汽车行驶的安全性。

引导问题2 **转向操纵机构有何结构特点? 什么叫转向盘的自由行程?**

1 转向操纵机构的结构特点

转向操纵机构由转向盘、转向轴、转向管柱等组成,它的作用是将驾驶人转动转向盘的操纵力矩传给转向器,其结构如图 7-3 所示。

转向轴将驾驶人作用于转向盘的转向操纵力矩传给转向器的传力轴,它的上部与转向盘固定连接,下部通过万向节与转向器连接。现代汽车的转向轴除装有柔性万向节外,还装有能改变转向盘的工作角度(转向轴的传动方向)和转向盘的高度(转向轴轴向长度)的调节机构,以方便不同体型驾驶人的操纵,如图7-4所示。

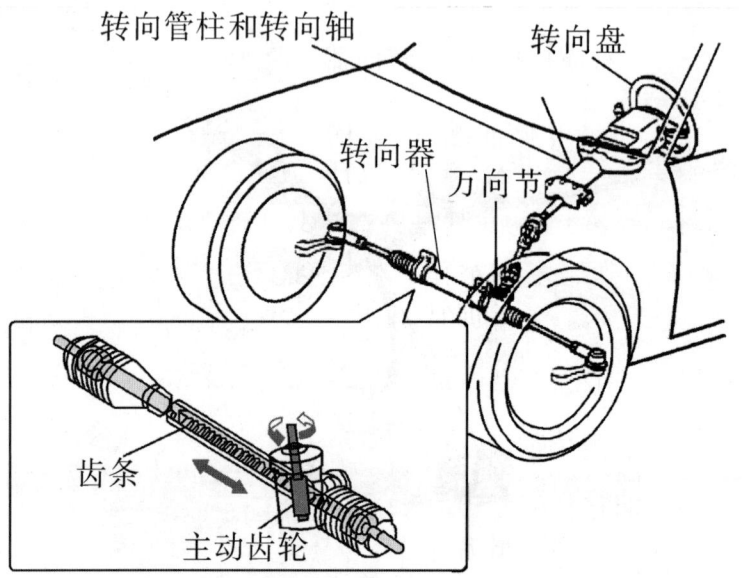

图7-3　转向操纵机构

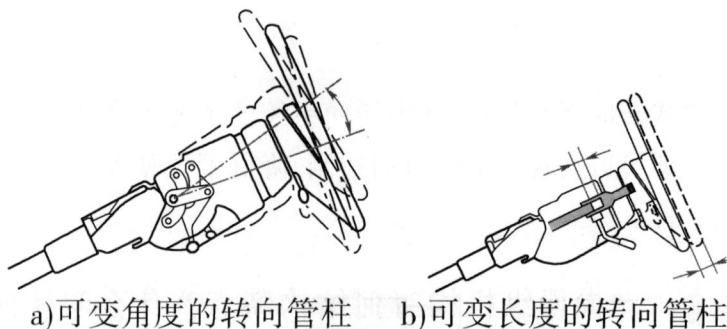

a)可变角度的转向管柱　　b)可变长度的转向管柱

图7-4　可改变角度和长度的转向管柱

❶ 可分离式安全转向操纵机构

此类转向操纵机构的转向管柱分为上下两段,当发生撞车时,上下两段相互分离或相互滑动,从而有效地防止转向盘对驾驶人的伤害,但转向操纵机构本身不包含有吸能装置。

图7-5所示为钢球滚压变形式的转向管柱,其管柱分为上、下两段,上转向管

柱比下转向管柱稍细,可套在下转向管柱的内孔里,两者之间压入带有塑料隔圈的钢球。隔圈起钢球保持架的作用,钢球与上、下转向管柱压紧并使之接合在一起。在撞车时,上下管柱在轴向相对移动,这时钢球边转动边在上、下转向管柱的壁上压出沟槽,从而消耗了冲击能量。

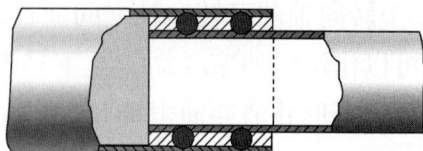

图7-5　钢球滚压变形式转向管柱

❷ 可收缩式转向操纵机构

可收缩式转向管柱用于防止驾驶人在事故中受到严重伤害。在碰撞开始过程中可收缩转向管柱,防止管柱被压下时转向盘伤害驾驶人,同时它也缓冲了驾驶人与转向盘之间的二次碰撞。通过沿转向管柱垂直收缩,碰撞的能量被转向轴或转向管柱吸收。转向轴分为上下两段,为防止它滑动或转动还可以使用塑料模压销将轴的两部分连接起来。如图7-6所示,这种结构允许塑料销在碰撞开始过程中折断,转向轴将向内压缩使作用到驾驶人身上的力得到缓冲。

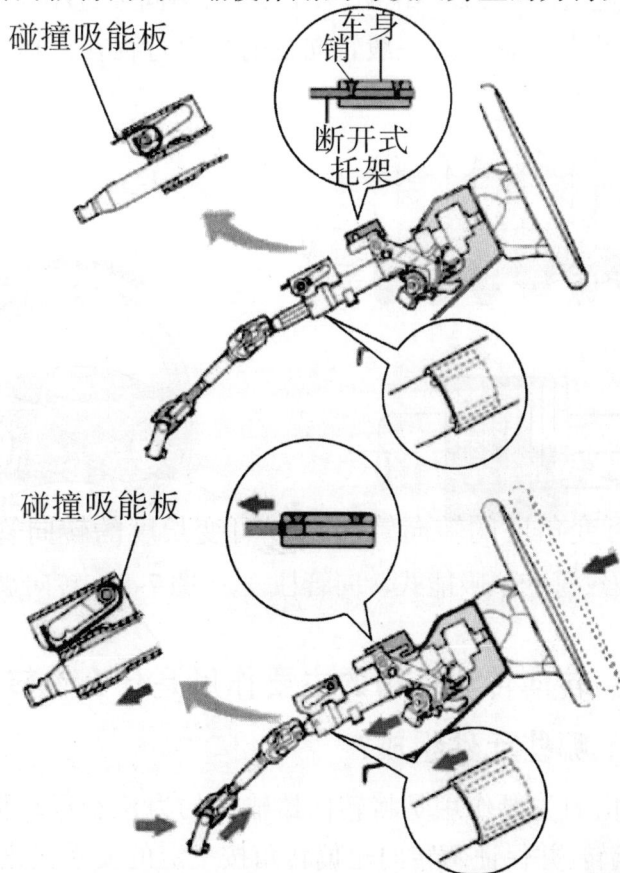

图7-6　可收缩式转向管柱

波纹管变形吸能式转向操纵机构如图7-7所示,转向轴和转向管柱都分成两段,上转向轴和下转向轴之间通过细花键接合并传递转向力矩,同时它们两者之间可以作轴向伸缩滑动。在下转向轴的外边装有波纹管,它在受到压缩时能轴向收缩变形并消耗冲击能量。它的下转向管柱的上端套在上转向管柱里面,但两者不直接连接,而是通过管柱压圈和限位块分别对它们进行定位。

当汽车撞车时,下转向管柱向上移动,在第一次冲击力的作用下限位块首先被剪断并消耗能量,与此同时转向管柱和转向轴都作轴向收缩。当受到第二次冲击时,上转向轴下移,压缩波纹管使之收缩变形并消耗冲击能量。

2 转向盘的自由行程

转向盘的自由行程是指前轮在正前方向并且转向盘处于正中间位置时转向盘的自由间隙。转向盘的自由行程是转向系统各结构的间隙和元件的弹性变形引起的。转向盘的自由行程不能太大也不能太小,太大说明转向系统松旷,容易导致转向迟缓,驾驶人缺乏"路感";太小说明转向系统自由间隙过小,易导致转向过于灵敏,驾驶人容易产生驾驶疲劳。一般转向盘的自由行程在 – 15 ~ 15mm,如图7-8所示。

图7-7 波纹管变形吸能式转向管柱　　图7-8 转向盘自由行程

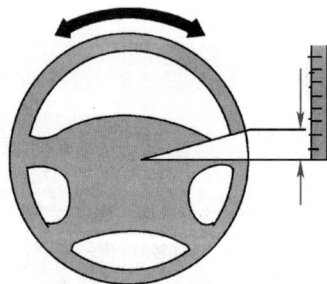

引导问题3 转向传动机构的主要作用是什么? 转向传动系统由哪些元件组成?

转向传动机构的主要作用是将转向器输出的力矩和运动传给转向节,使转向轮偏转,并保证两转向轮偏转角按一定的关系变化,保证汽车正常转向行驶,减少车轮磨损。

转向机构功用

1 与非独立悬架配用的转向传动机构

与非独立悬架配用的转向传动机构如图 7-9 所示,主要由转向摇臂、转向直拉杆、转向节臂、转向横拉杆和转向梯形臂组成。如果前桥只作为转向桥,转向传动机构一般布置在前桥之后,如图 7-9a) 所示。在发动机位置较低或转向桥兼为驱动桥的情况下,为避免运动干涉,往往将转向传动机构布置在前桥之前,如图 7-9b) 所示。若转向摇臂不是在汽车纵向平面内前后摆动,而是在汽车的横向平面内左右摆动,则可将转向直拉杆横置,并借球头销直接带动转向横拉杆,使两侧转向梯形臂转动,如图 7-9c) 所示。

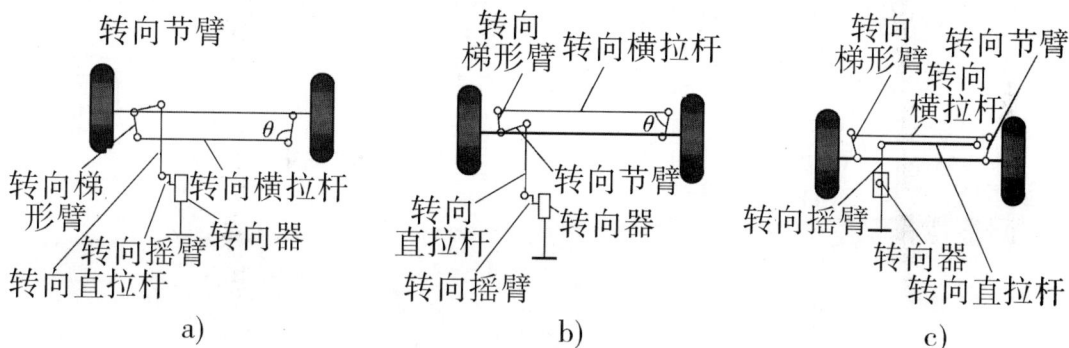

图 7-9 与非独立悬架配用的转向传动机构

1 转向摇臂

转向摇臂的作用是把转向器输出的力矩和运动传给直拉杆或横拉杆使转向轮偏转。转向摇臂的结构如图 7-10 所示。

2 转向直拉杆

转向直拉杆的作用是将转向摇臂传来的力矩和运动传给转向梯形臂(或转向节臂)。转向直拉杆的结构如图 7-11 所示。在转向轮偏转或因悬架弹性变形而相对于车架跳动时,转向直拉杆与转向摇臂及转向节臂的相对运动都是空间运动,为了避免发生运动干涉,上述三者间的连接都采用球铰连接。

要注意的是采用齿轮齿条式转向器的转向系统没有转向直拉杆和转向摇臂,由齿条直接与转向横拉杆连接。

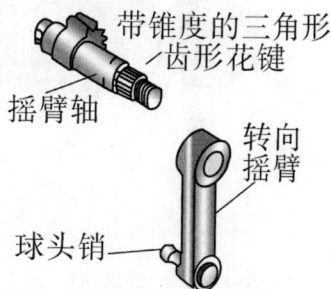

图 7-10 转向摇臂

③ 转向横拉杆

转向横拉杆的作用是将一侧转向节臂的运动传递给另一侧的转向节臂,使两侧车轮之间保持正确的转向关系。转向横拉杆两侧都用球铰与转向节臂连接,转向横拉杆中间的冷拔钢管通过不同旋转方向的螺纹与两侧的球头连接,一侧是逆时针螺纹,另一侧是顺时针螺纹,用于调整前轮前束。转向横拉杆是联系左、右转向梯形臂并使其协调工作的连接杆,它在汽车行驶过程中反复承受拉力和压力,因此多用高强度冷拉钢管制造。其结构如图7-12所示。

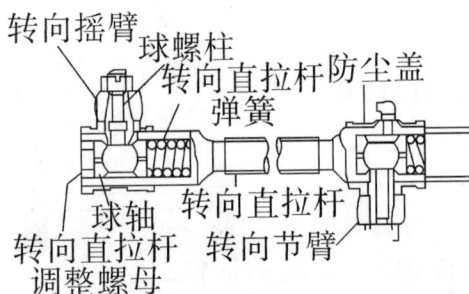

图7-11 转向直拉杆

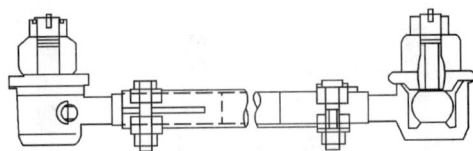

图7-12 转向横拉杆

④ 转向减振器

随着车速的提高,转向轮有时会产生摆振(转向轮绕主销轴线往复摆动,甚至引起整车车身的振动),这不仅影响汽车的稳定性,而且还影响汽车的舒适性、加剧前轮轮胎的磨损。为了减少车轮摆振,有些车在转向传动机构中安装转向减振器。转向减振器的一端与车身(或前桥)铰接,另一端与转向直拉杆(或转向器)铰接。其结构如图7-13所示。

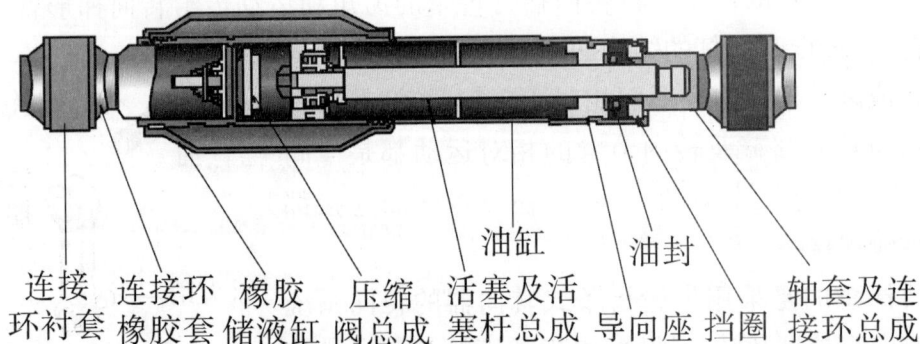

图7-13 转向减振器

2 与独立悬架配用的转向传动机构

当转向轮采用独立悬架时,每个转向轮都需要相对于车架作独立运动,因此转向传动机构中的转向梯形臂也是断开式的。图 7-14 所示为几种与独立悬架配用的转向传动机构示意图。

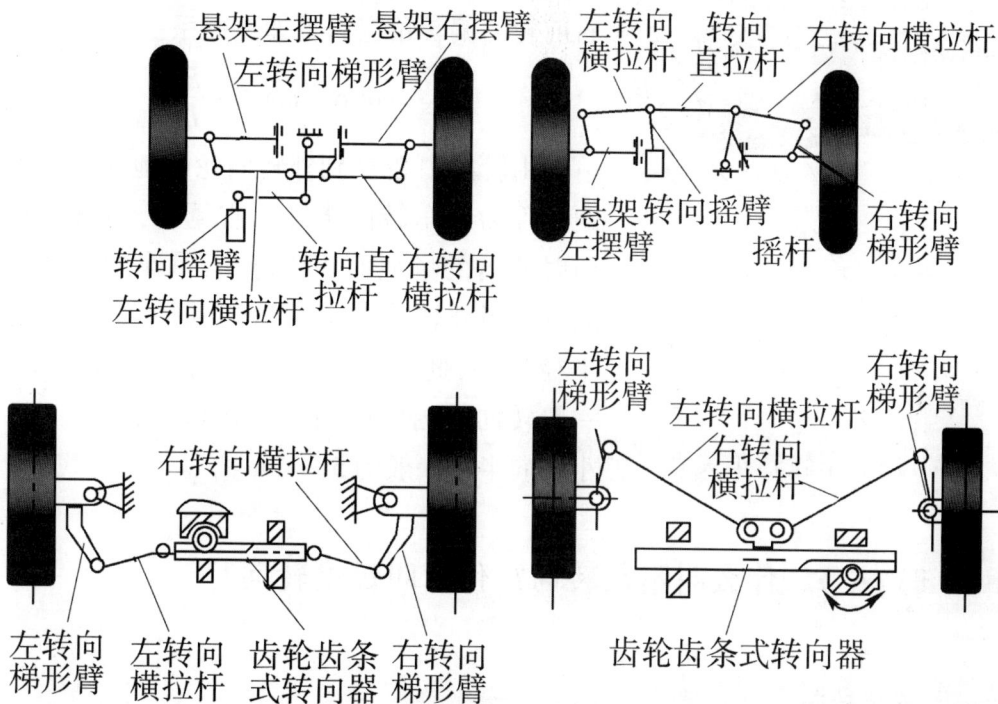

图 7-14 与独立悬架配用的转向传动机构

引导问题 4 ▶ **什么叫转向梯形? 车辆正常转向的条件是什么?**

转向梯形是由前轴,转向横拉杆,左、右转向梯形臂所共同构成的梯形结构,主要作用是保证左右转向轮按一定规律偏转,以实现汽车顺利转向,并保证在转向过程中,车轮处于纯滚动而不滑动。其结构如图 7-15 所示。

汽车转向时,要使各车轮都只作纯滚动而不滑动,减少附加阻力和轮胎磨损,各车轮必须围绕一个中心点转动,如图 7-16 所示。此时,各轮的轴线相交于一点 O,交点 O

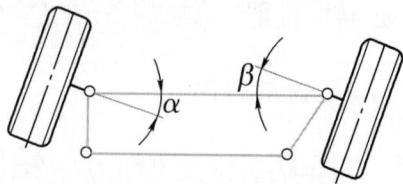

图 7-15 转向梯形

称为汽车转向中心。该中心随驾驶人操纵的前轮转角的变化而变化,因此又称瞬时转动中心。由图7-16可看出,这时汽车的内转向轮偏转角大于外转向轮偏转角。

显然转向中心落在后轴中心线的延长线上,并且左、右前轮也必须以这个中心点 O 为圆心而转动。为了满足上述要求,左、右前轮的偏转角应满足如下关系:

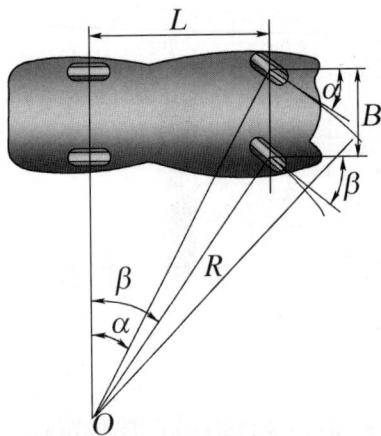

$$\cot \alpha = \cot \beta + \frac{B}{L}$$

由转向中心 O 到外转向轮与地面接触点的距离称为汽车转向半径。它越小,则汽车在转向时所需的场地面积就越小,汽车的机动性也越好。当外转向轮偏转角达到最大值时,转向半径最小,此时转向半径称为最小转向半径。一般转向轮内轮的最大偏转角为 34°～42°,最小转向半径一般为 5～12m。

图7-16　车轮转角关系

引导问题5　什么叫不足转向? 什么叫过度转向?

1 不足转向

当车辆前桥侧向力与车轮负荷的比例大于后桥上侧向力与车轮负荷的比例时,车辆出现不足转向的现象,此时,车辆行驶的转弯半径大于最大转向角对应的转弯半径,并通过前桥向弯道外侧滑移,如图7-17所示。不足转向在极限情况下车辆开始通过前桥向外侧滑并且最大转向角减小,车辆转弯半径变大。适度的不足转向可以保证驾驶人对车辆的转向控制,因此现在车辆的转向系统都具有一定的不足转向性能。

2 过度转向

当车辆后桥上侧向力与车轮负荷的比例大于前桥上侧向力与车轮负荷的比例时,车辆出现过度转向的现象,此时,车辆行驶的转弯半径小于最大转向角对应的转弯半径。车辆通过后桥向弯道外侧移动。如图7-18所示,过度转向会导致车辆甩尾,因此过度转向的情况应该尽量避免出现。

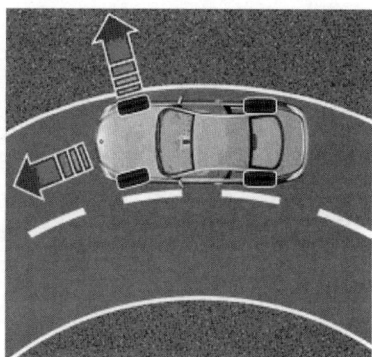

图 7-17　不足转向

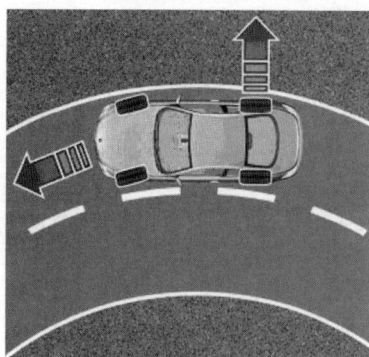

图 7-18　过度转向

引导问题6 ▶▶　转向系统的维修工艺流程是怎样的?

　　车辆轮胎出现异常磨损,说明车轮定位参数发生变化或者转向系统出现故障,应按照基本的维修工艺流程对车辆的转向系统进行检查和维修,如图7-19 所示。

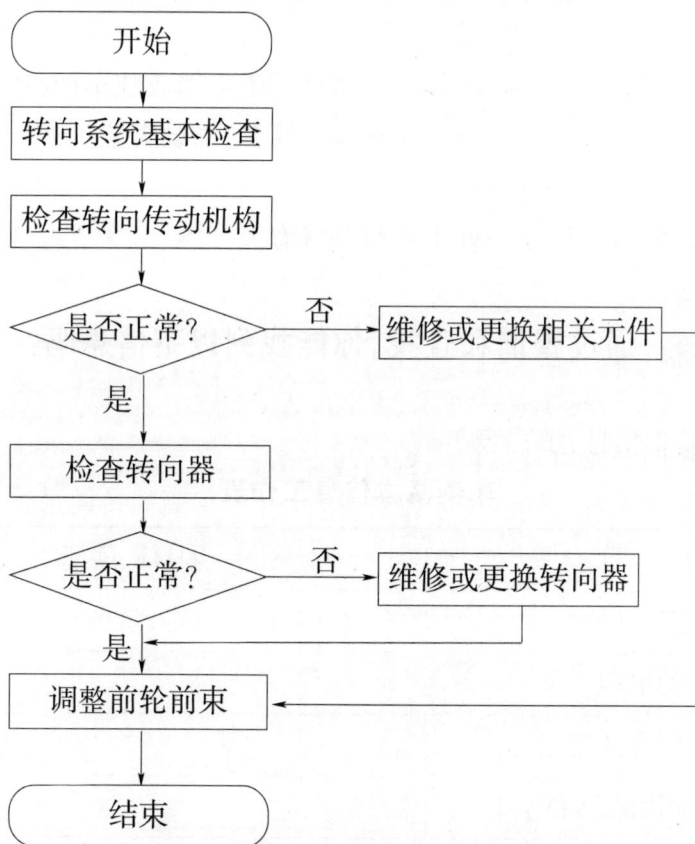

图 7-19　转向系统维修工艺流程

● 实施作业

引导问题 7 ▶ **作业需要准备哪些工具、设备和材料?**

(1)威驰轿车、举升机。
(2)常规套筒扳手、指针式扭力扳手、卷尺(前束尺)、直尺。
(3)翼子板布、前格栅布、三件套。
(4)工具车、工作台。

引导问题 8 ▶ **作业前的准备工作有哪些?**

(1)汽车进入工位前,将工位清理干净,准备好相关的器材。
(2)将汽车停在举升机中央位置。
(3)拉紧驻车制动器操纵杆,并将变速杆置于空挡或驻车挡(P挡)位置。
(4)套上转向盘护套、变速杆手柄套和座椅套,铺设脚垫。
(5)粘贴翼子板布和前格栅布。
(6)调整好举升机,使车辆处于可举升状态。

引导问题 9 ▶ **通过查询和查找,你能找到以下信息吗?**

查找车辆基本信息,填写表7-1。

车辆基本信息工作表 　　　　　　　　　　表7-1

项　　目	具 体 信 息
车牌号码	
行驶里程	
发动机型号及排量	
车辆识别代码(VIN)	
转向系统类型	

引导问题 10 ▶ 如何进行转向系统的基本检查?

注意

在开始作业前,请确认已经做好作业前的准备工作。

1 检查转向盘自由行程

在装有动力转向系统的车辆上,起动发动机,使车辆笔直向前。如图 7-20 所示,轻轻移动转向盘,在车轮就要开始转动时,用一把直尺测量转向盘的移动量(自由行程)。

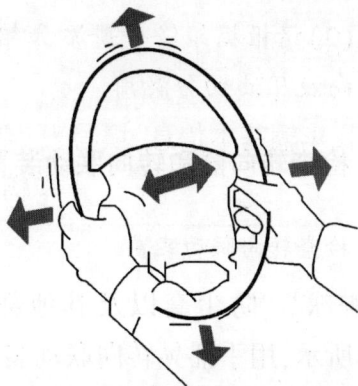

2 检查转向盘的松动和摆动

用两手握住转向盘,如图 7-21 所示,向上下和左右四个方向晃动转向盘,检查转向盘有没有松动或者摆动。

小提示

如果车辆配备倾斜转向系统或者伸缩转向系统,则要在转向盘整个移动范围内检查松动情况。

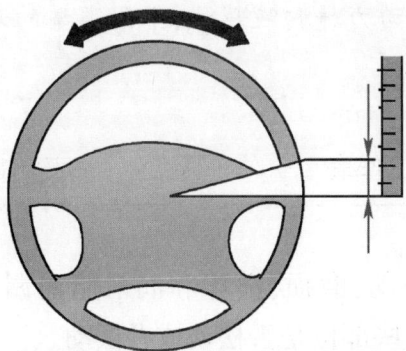

图 7-20 检查转向盘自由行程   图 7-21 检查转向盘松动和摆动

3 检查转向盘锁定情况

将点火开关转动到 ACC 挡,转动转向盘,检查转向盘是否可以自由移动。

请把检查结果记录在表7-2中。

转向系统基本检查表　　　　　　　表7-2

检查项目	检查结果	检查结果分析
转向盘自由行程		
转向盘松动和摆动情况		
转向盘锁定情况		

4 检查动力转向液压油及液位

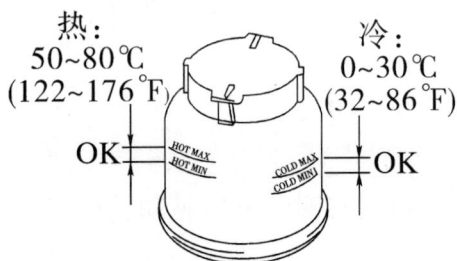

热:
50~80℃
(122~176℉)

冷:
0~30℃
(32~86℉)

OK

图7-22　动力转向液压油刻度

如图7-22所示,根据动力转向液压油储液罐的刻度检查液位高度。

当油温处于50～80℃(122～176℉)时,液位应处于"HOT(热)"位置,当油温处于0～30℃(32～86℉)时,液位应处于"COLD(冷)"位置。如果液位过低,请添加动力转向液压油。

小提示

(1)请不要加注过量。

(2)请根据维修手册添加相同型号的动力转向液压油,不同类型的动力转向液压油切勿混用。

5 检查转向器和转向联动装置

① 检查转向联动装置

检查球节、防尘套以及其他部件是否松动、磨损、损坏和润滑脂泄漏。如图7-23所示,用手摇晃转向联动装置,检查这些部位是否松动或者摆动。

② 检查转向器

(1)如图7-24所示,检查箭头所示部位,转向器壳体和防尘套有无松动、损坏及润滑脂有无泄漏。

(2)检查与转向管柱的连接是否松动。

（3）检查转向连接机构是否弯曲或者损坏。

（4）如图7-25所示，检查液压管路各接头是否泄漏。

松动和摆动

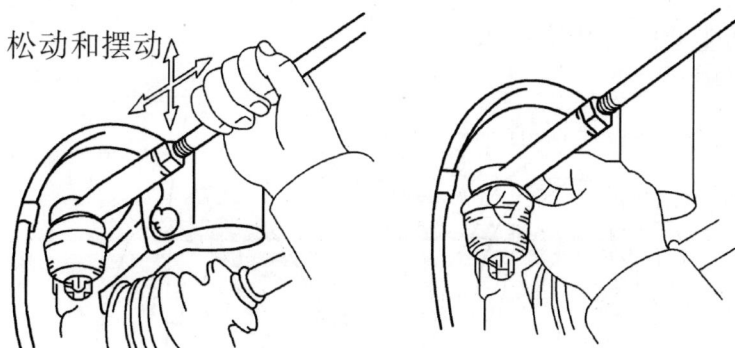

图7-23　检查转向联动装置

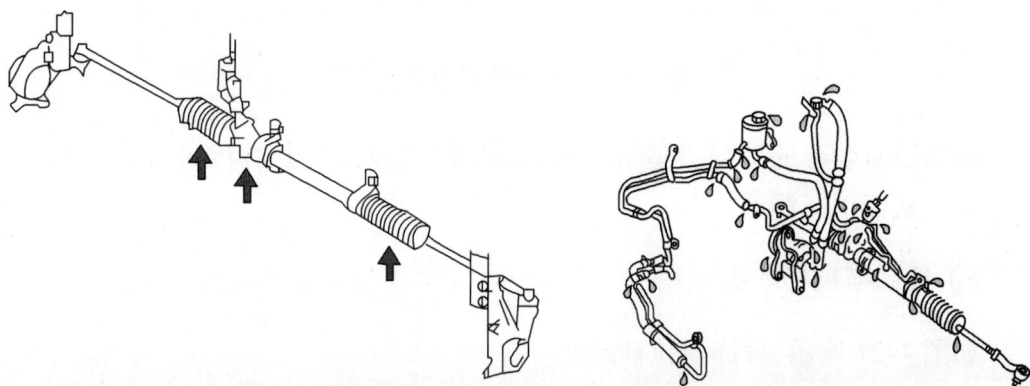

图7-24　检查防尘套和壳体是否松动和泄漏

图7-25　检查液压管路是否泄漏

请把检查结果记录在表7-3中。

转向系统检查记录表　　　　　　　　表7-3

检 查 项 目	检 查 结 果	检查结果分析
液位情况		
转向联动装置情况		
转向器和防尘套情况		
液压管路泄漏情况		

引导问题 11 ▶ 如何拆卸转向器防尘套？

转向器防尘套的安装位置如图7-26所示。

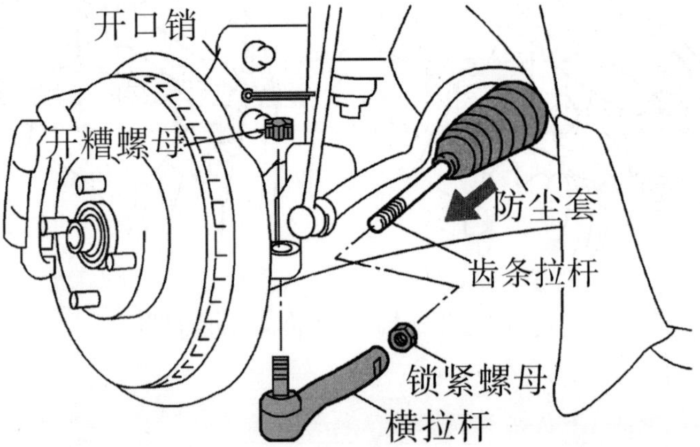

图7-26　转向器防尘套位置

转向器防尘套的破损会造成水和污物进入转向器,会对转向齿条外壳油封造成破坏从而引起漏油。

1 拆卸横拉杆球头

如图7-27所示,拆卸横拉杆球头。

(1)拆卸开口销和开槽螺母。

(2)使用专用工具,将横拉杆端头从转向节脱离。

注意

不能用工具敲击防尘罩,否则可能损坏防尘罩。

2 拆卸横拉杆

如图7-28所示,拆卸横拉杆。

(1)拆卸前先测量横拉杆的长度 A。

记录测量结果:＿＿＿＿＿＿＿＿。

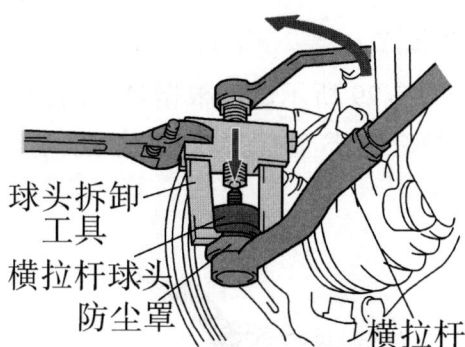

图 7-27　拆卸横拉杆球头

图 7-28　拆卸横拉杆

小提示

安装过程中进行前束调节时可参考此数值。

(2)将开口扳手置于横拉杆端头开口宽度平面处,牢固地固定住横拉杆端头,然后松开锁止螺母。

注意

在松开锁止螺母时若没有牢固地固定住横拉杆端头,则会引起横拉杆的弯曲。

(3)拆卸横拉杆端头和横拉杆上的锁止螺母。

小提示

在横拉杆的左右两端作安装位置标记以示区别。

(4)检查横拉杆球头是否已松旷,防尘套是否破裂。如果存在以上现象,请予以更换。

记录检查结果:

球头状况:＿＿＿＿＿＿＿,防尘套状况:＿＿＿＿＿＿＿。

3 **拆卸防尘套**

(1)拆下夹子,有五种类型的护套箍,如图 7-29 所示。请根据具体的护套箍类型使用恰当的方法取下护套箍。主要的护套箍类型有:单触夹型、爪啮合类型、奥米加夹型、螺纹类型和索型。

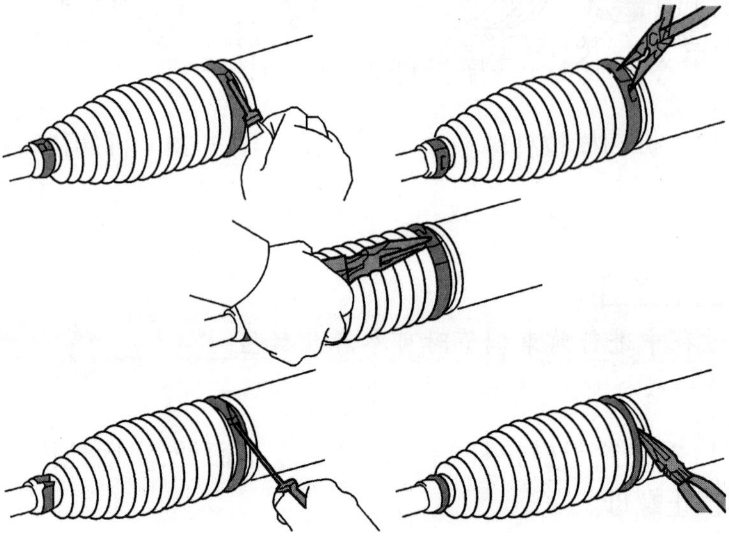

图 7-29   拆卸防尘套

(2)拆下转向器防尘套。目测检查防尘套是否老化、破裂。如果存在以上现象,请予以更换。

记录检查结果:

防尘套状况:_____。

引导问题 12 ▶ 如何安装转向器防尘套?

1 **安装转向器防尘套**

安装转向器防尘套,如图 7-30 所示。

(1)将保护带绕于横拉杆的螺纹端以防止在安装防尘套时产生破损。

(2)安装新的转向器防尘套。

(3)检查确认防尘套没有扭曲或变形。

小 提 示

确认防尘套没有扭曲变形,如图7-30所示。

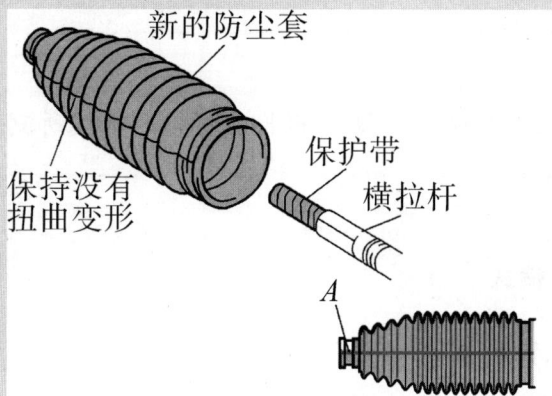

图7-30 安装防尘套

2 安装防尘套夹紧箍

对于奥米加夹型夹紧箍,请根据图7-31所示进行夹紧。

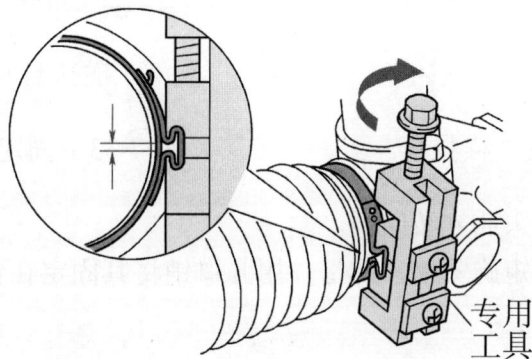

图7-31 安装防尘套夹紧箍

(1)用专用工具夹住夹子使之变形,然后将其固定。

(2)安装完毕后,用专用工具测量变形位置的间距,然后检查并确认护套不会移动。

(3)若间距大于所规定的数值或护套会移动,则必须使用专用工具使夹子进一步变形。

3 安装横拉杆端头

如图 7-32 所示,临时安装锁止螺母和横拉杆端头。

小 提 示

(1)安装横拉杆时必须保证 A 的长度与拆卸时候所测量的数值一致。

(2)调节前束后,再旋紧锁止螺母。

4 固定横拉杆端头

如图 7-33 所示,固定横拉杆端头。

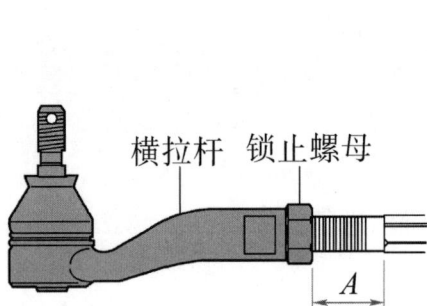

图 7-32　安装横拉杆

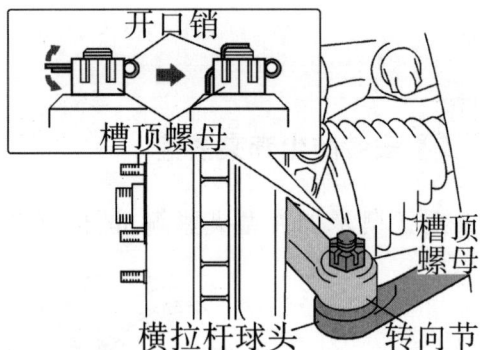

图 7-33　固定横拉杆端头

(1)将横拉杆端头插入转向节。

(2)以规定的力矩旋紧槽顶螺母并用开口销将其固定在位置上。

注 意

开口销用过一次后不能重复使用,确保使用新的开口销。

引导问题 13　**如何调整前轮前束?**

为了消除车轮外倾的影响,在同一车桥上,车轮安装好后,其前端略向内收,使两侧车轮的前后距离不一致,因此把两侧车轮前后距离之差称为车轮前束值。如图7-34所示,前轮前束是 $a-b$ 的值。

请按照以下步骤测量前轮前束。

小提示

要在平坦的路面上进行测量,在推动车辆之前确认车前没有人。

（1）检查轮胎状况,测量轮胎气压,保证轮胎处于正常工作状态。

（2）使车轮处于正前方位置,转向盘位于中间位置,上下振动车辆前部,使车辆处于稳定状况。

（3）在两侧轮胎与轮毂中心同样高度的胎面（后侧）的基线上做一个标记。这就是测量点,如图7-35所示。

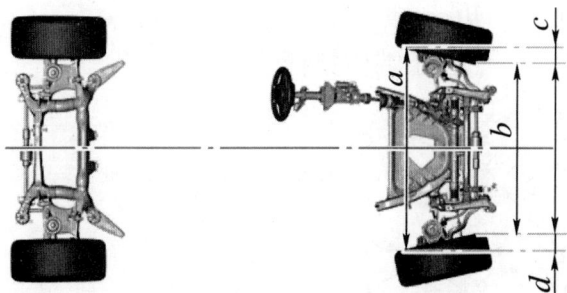

图 7-34　前轮前束　　　　　　图 7-35　测量前束

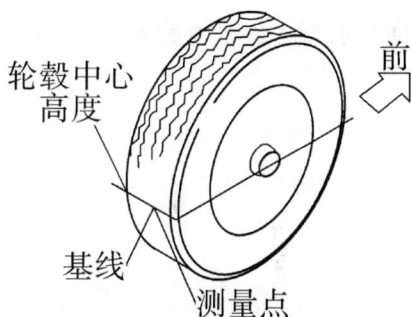

（4）测量距离“a”（后侧）,记录测量结果:$a =$ _____。

（5）慢慢向前推车,使车轮旋转180°（1/2圈）。如果车轮的转动超过180°（1/2圈）,需重新进行以上步骤。不要将车辆向后推。

测量距离“b”（前侧）,记录测量结果:$b =$ _____。

（6）计算前束值,记录结果:$a - b =$ _____。查阅维修手册,判断测量结果是否符合标准。

（7）如果前束值不符合标准,则改变转向横拉杆的长度 L,以调整前束,如图7-36所示。

①松开锁止螺母。

②将横拉杆旋入或旋出,以调整前束。

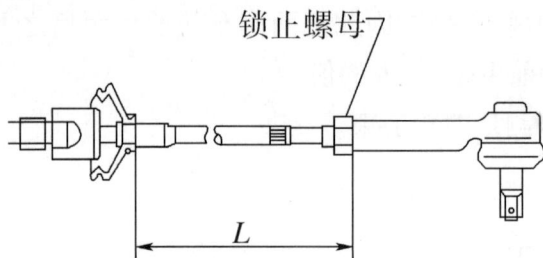

图 7-36　测量横拉杆长度

小提示

不同车型测量位置也不一致,具体测量位置请参考维修手册。

(8)旋紧横拉杆端头和锁止螺母。

①如图 7-37 所示,将活扳手置于横拉杆端头开口宽度平面处,牢固地固定住横拉杆端头,然后旋紧锁止螺母到规定的力矩。

图 7-37　旋紧横拉杆锁止螺母

注意

在旋紧锁止螺母时若没有牢固地固定住横拉杆端头,则会引起齿条端弯曲。

②再次确认前束与维修手册规定的数值是否相符。

三　评价与反馈

对本学习任务进行评价,完成表7-4。

反 馈 评 价 表　　　　　　　　表7-4

请根据你自己在工作中和课堂上的表现,对自己进行客观的评价,看看你能获得几颗星?

评价项目	5颗星	3颗星	1颗星	评价结果
知识掌握情况	掌握相关理论知识,并能运用到实际操作中,任务完成良好	基本能够理解相关理论知识,能够完成相应工作	对相关理论知识不明白,不能或者难以完成相应的工作	
动手实践情况	积极参加,做好安全保护工作,注重工作质量	会动手实践,安全保护措施到位,工作质量较好	出现安全隐患,不知道如何动手实践	
小组合作情况	与小组成员配合工作很愉快	与小组其他同学配合工作交流较少	没有与其他同学进行交流	
6S执行情况	值日认真,服从指挥,工位工装整洁,职业形象好	值日较认真,出现迟到或其他违纪情况	出现忘记值日,工位或工装不整洁的情况	
哪些方面需要改进				
教师点评				
学生姓名		小组长签名		
教师签名		日期		

四 学习拓展

(1)什么叫车轮的转向中心?

(2)为什么车辆要有适度的不足转向?

(3)请写出前轮前束的测量检查步骤。

学习任务八 齿轮齿条式转向器的检修

学习目标

◎ **知识目标**

(1)认识转向器基本结构。

(2)了解转向器的基本类型。

(3)能叙述转向器的基本工作原理。

◎ **技能目标**

(1)能够对齿轮齿条式转向器进行检修。

(2)会正确进行作业前的准备工作。

◎ **素养目标**

(1)能够制订工作计划,独立完成工作学习任务。

(2)能够在工作过程中,与小组其他成员合作、交流并进行任务分工,具备团队合作和安全操作的意识。

(3)养成服从管理、规范作业的良好工作习惯。

(4)培养安全工作的习惯。

建议完成本学习任务的时间为:4课时。

学习任务描述

一辆卡罗拉1.6L轿车,车主反映:转向系统存在异响,需要你对转向系统进行检测,确定故障部位并进行修理。

学习内容

转向器的基本类型

齿轮齿条式转向器的检修

齿轮齿条式转向器的检修方法

齿轮齿条式转向器的结构

循环球式转向器的结构

注意事项

(1)在工作过程中要注意人身安全,认真执行6S管理。

(2)在工作过程中请根据操作步骤,规范操作,防止损坏设备和器材。

(3)严格按照工作要求正确使用仪器设备,出现问题及时报告,服从管理。

资料收集

引导问题1 ▶ 转向器有哪些类型?转向器传动比如何计算?

1 转向器的类型

转向器是转向系统中减速增扭的传动装置,其功用是增大转向盘传到转向节的力矩并改变力的传动方向。目前应用广泛的是齿轮齿条式、循环球式和蜗杆曲柄指销式转向器。

转向器功用

循环球式转向器由于转向阻力较小,一般用于商用车辆。齿轮齿条式转向器结构紧凑、传动机构简单,在乘用车上得到广泛使用,有的乘用车还在齿轮齿条式转向器基础上加装了动力转向机构,使转向更轻便。蜗杆曲柄指销式转向器能传递较大的转向力矩,主要用于中型以上商用车辆。

转向器类型

2 转向器的传动比

转向器将转向盘的转动力矩传递给转向摇臂,同时降低转向盘的转动速度并增加转矩,转向盘转角和转向器转向摇臂摆角之间的比值称为转向器的传动比。对于循环球式转向器其传动比通常用下式表示:

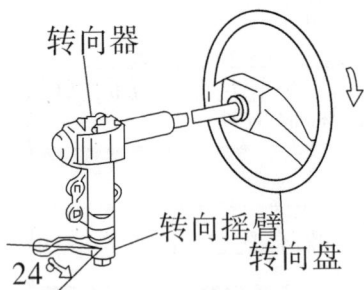

图 8-1　转向器传动比

$$转向器传动比\ i = \frac{转向盘转角}{转向摇臂摆角}$$

如图 8-1 所示,如果转向盘转动一圈 360°,转向摇臂摆角为 24°,则传动比 i 为 15,即 360°/24°。在小型车辆上传动比范围通常为 14 ~ 18,中型车辆为18 ~ 22,大型车辆为 20 ~ 26。

对于齿轮齿条式转向器,由于不使用转向摇臂机构,其传动比按以下公式计算:

$$转向传动比\ i = \frac{转向盘转角}{前轮转角}$$

这也是齿轮齿条式转向系统的总传动比。

引导问题2 ▶ 循环球式转向器的结构是怎样的? 它是怎样工作的?

循环球式转向器结构如图 8-2 所示,主要由方形转向螺母、转向螺杆、齿扇、摇臂轴、前后轴承和壳体组成。其主要结构特点是有两对传动副:螺杆螺母传动副和齿条齿扇传动副。

循环球式转向器工作时,转向螺杆和方形转向螺母之间的螺纹并不直接接触。方形转向螺母外有两根钢球导管,每根导管的两端分别插入方形转向螺母侧面的一对通孔中。导管内装满了钢球,以实现滚动摩擦。转向螺杆和方形转向螺母上的螺旋槽能配合形成近似圆形断面的螺旋管状通道。转向盘转动时带动转向螺杆转动,转向螺杆通过钢球将力传给方形转向螺母,方形转向螺母即沿转向螺杆做轴向移动,带动摇臂轴转动。同时,在转向螺杆及方形转向螺母与钢球间的摩擦力偶作用下,

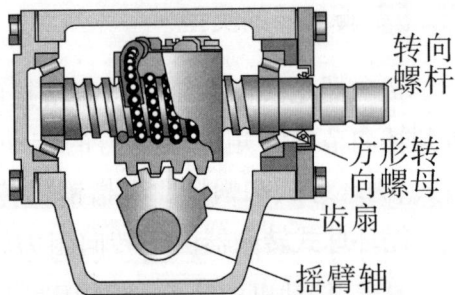

图 8-2　循环球式转向器

所有钢球便在螺旋管状通道内滚动,使钢球在螺旋管内循环流动传递转矩。在转向器工作时,两列钢球只是在各自的封闭流道内循环滚动,不会脱出。

由于循环球式转向器采用滚动摩擦,大大减少了摩擦阻力,使转向更加轻便,但结构较为复杂。

引导问题3 ▶ **齿轮齿条式转向器的结构是怎样的?它是怎样工作的?**

齿轮齿条式转向器主要由转向齿轮、齿条、壳体等组成。

转向时,转向盘使转向轴转动,转向轴带动与之相连的转向齿轮转动,转向齿轮与齿条啮合,使转向齿轮转动的同时带动齿条左右移动,使与齿条相连接的左右横拉杆向相应的方向移动从而实现转向。

齿轮齿条式转向器工作过程

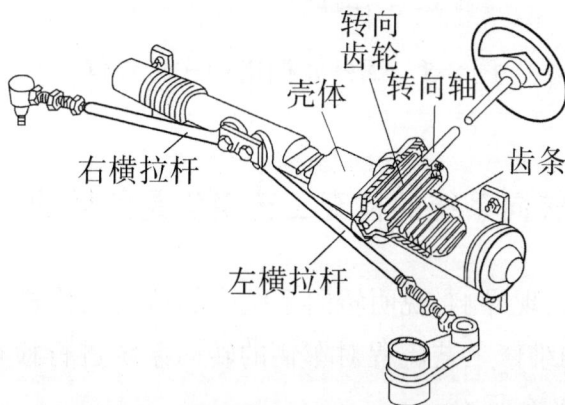

齿轮齿条式转向器有中间(或单端)输出式和两端输出式两种类型,其结构分别如图8-3、图8-4所示。

图8-3 中间输出式齿轮齿条转向器

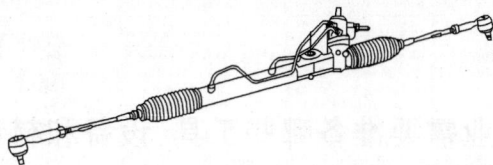

图8-4 两端输出式齿轮齿条转向器

采用齿轮齿条式转向器由于不需要转向摇臂和转向直拉杆等元件,使转向传动机构大大简化,同时齿轮齿条的逆传动效率很高,所以其"路感"也较明显,因此现在齿轮齿条式转向器多用于前轮为独立悬架的乘用车上。

引导问题 4 ▶ **蜗杆曲柄指销式转向器的结构是怎样的? 它是怎样工作的?**

蜗杆曲柄指销式转向器结构如图 8-5 所示,它的传动副以转向蜗杆为主动件,其从动件是装在摇臂轴曲柄端部的指销。转向蜗杆转动时,与之啮合的指销即绕摇臂轴轴线沿圆弧运动,并带动摇臂轴转动,从而实现转向。

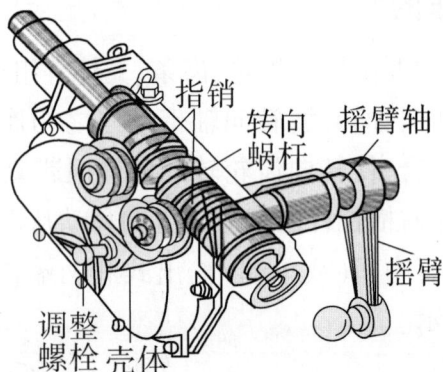

图 8-5　蜗杆曲柄指销式转向器

引导问题 5 ▶ **转向系统的检查工艺流程是怎样的?**

车辆转向系统出现异响,说明转向系统中的传动机构松旷或者转向器出现故障,应按照基本的维修工艺流程对车辆的转向系统进行检查和维修。基本的维修工艺流程如图 8-6 所示。

● **实施作业**

引导问题 6 ▶ **作业需要准备哪些工具、设备和材料?**

(1)威驰轿车、举升机。

(2)常规套筒扳手、指针式扭力扳手、卷尺或前束尺。

(3)翼子板布、前格栅布、三件套。

(4)工具车、工作台。

```
┌─────────────┐
│     开始     │
└─────────────┘
       │
┌─────────────────┐
│  转向系统基本检查  │
└─────────────────┘
       │
┌─────────────────┐
│  检查转向传动机构  │
└─────────────────┘
       │
   ◇是否正常?◇ ──否──→ ┌──────────────────┐
       │是              │  维修或更换相关元件  │
       │                └──────────────────┘
┌─────────────┐
│   检查转向器   │
└─────────────┘
       │
   ◇是否正常?◇ ──否──→ ┌──────────────┐
       │是              │  维修或更换转向器  │
       │                └──────────────┘
┌─────────────┐
│  调整前轮前束  │
└─────────────┘
       │
┌─────────────┐
│     结束     │
└─────────────┘
```

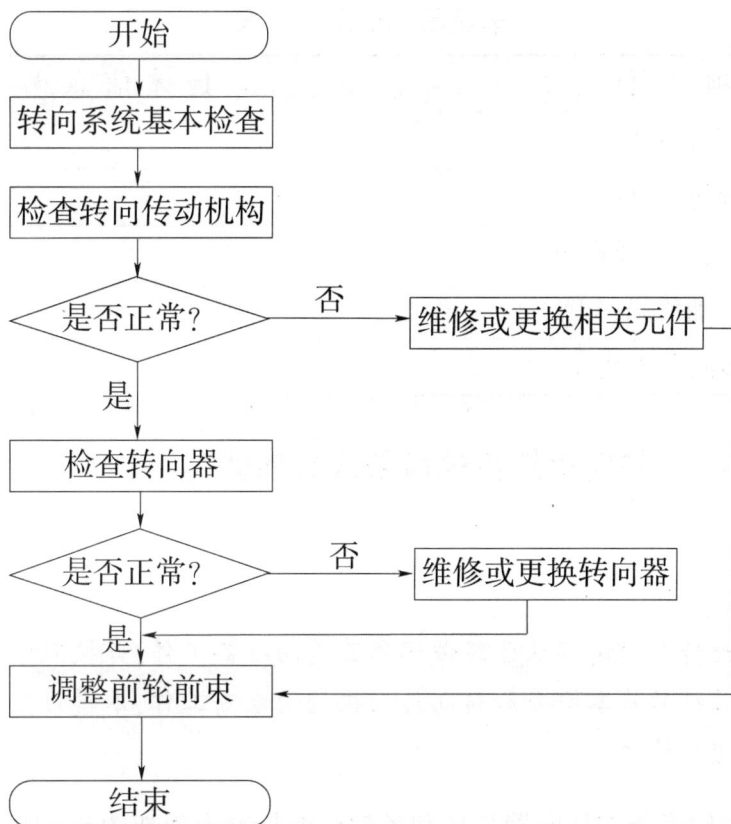

图 8-6　转向系统维修工艺流程

引导问题 7 ▶ **作业前的准备工作有哪些?**

(1) 汽车进入工位前,将工位清理干净,准备好相关的器材。

(2) 将汽车停在举升机中央位置。

(3) 拉紧驻车制动器操纵杆,并将变速杆置于空挡或驻车挡(P挡)位置。

(4) 套上转向盘护套、变速杆手柄套和座椅套,铺设脚垫。

(5) 粘贴翼子板布和前格栅布。

(6) 调整好举升机,使车辆处于可举升状态。

引导问题 8 ▶ **通过查询和查找,你能找到以下信息吗?**

查找车辆基本信息,填写表 8-1。

车辆基本信息工作表　　　　　　　　表 8-1

项　　　目	具体信息
车牌号码	
行驶里程	
发动机型号及排量	
车辆识别代码(VIN)	
转向器类型	

引导问题 9 ▶▶ **如何拆卸齿轮齿条式转向器?**

注　意

在开始作业前请确认已经做好作业前的准备工作,并按照学习任务七做好转向系统的基本检查和转向传动机构的检查工作,本学习任务主要针对转向器进行检修。

典型的齿轮齿条式转向器结构和各螺栓的拧紧力矩如图 8-7 所示。

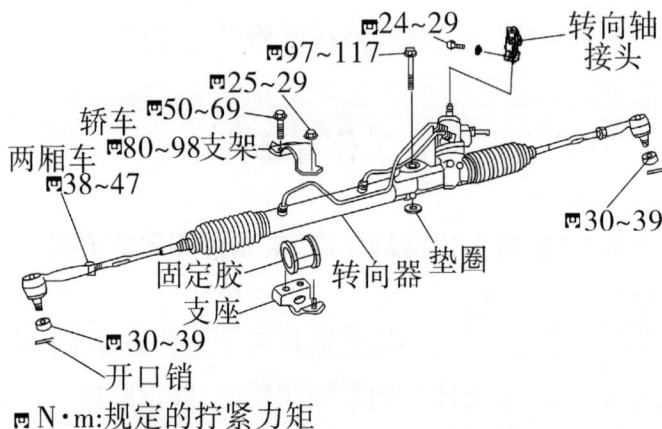

图 8-7　齿轮齿条式转向器

小提示

此项作业的前提是:齿轮齿条式转向器已经从车上拆卸下来。

(1)拆下转向轴接头之前,请将转向器置于中间位置。

（2）拆下转向轴接头之后，在小齿轮轴和壳体上做好标记，记录中间位置，安装时要对齐标记。

（3）安装时，将左右防尘套设定到相同的偏转角度。

请根据拆卸作业记录表8-2的步骤完成作业内容，并填写作业记录。

拆卸作业记录表　　　　　　　　　　　　　　　表8-2

步骤	图　示	内　容	完成情况
1	专用工具	（1）用软物固定壳体，转向器壳体是铝制壳体，应小心处理，固定时做好保护工作； （2）拆下锁紧螺母	是□　否□
2	小提示：工作前先排出转向油。	（1）拆下转向横拉杆外管套和防尘罩； （2）撬起锁紧部分，松开转向横拉杆内管套，拆下管套和垫片，拆下座圈； （3）用直径为 2～2.5mm 的钻头完全拆下转向器壳体端部的锁紧部分	是□　否□
3	齿条密封圈	（1）用合适的工具拆下端盖总成； （2）拉出齿条总成； （3）用热风枪将齿条密封圈加热至约 40℃（104 ℉），拆下齿条密封圈 **注意：不要损坏齿条。**	是□　否□
4	齿条油封　中心衬套　加长杆　29mm套筒	用缠有胶带的套筒和加长杆拆下中心衬套和齿条油封	是□　否□
	小提示：不要划伤小齿轮壳体的内表面。		

引导问题 10 ▶ 如何检查齿轮齿条式转向器?

1 清洁

用清洁溶液或 DEXRONTMⅢ 或同类产品彻底清洁所有零件,用压缩空气吹干。

2 检查防尘罩

(1)检查防尘罩的状况。若严重破裂,予以更换。
(2)检查防尘罩内有无动力转向油沉积。
记录检查结果:＿＿＿＿＿＿＿。

3 检查齿条

彻底检查齿条。如果损坏、破裂或磨损,更换齿条。
记录检查结果:＿＿＿＿＿＿＿。

4 检查转向器分总成

(1)检查小齿轮。如果小齿轮磨损或损坏,更换转向机分总成。
(2)手动旋转轴承。如果转矩变化或自由行程过大,更换转向器分总成。
记录检查结果:＿＿＿＿＿＿＿。

5 检查转向器壳体和缸筒

检查转向机壳体缸筒内是否划伤或损坏。如有必要,予以更换。
记录检查结果:＿＿＿＿＿＿＿。

引导问题 11 ▶ 如何安装齿轮式转向器?

请根据安装作业记录表 8-3 的步骤完成作业内容,并填写作业记录,注意不同车型的转向器结构略有不同,请查阅相关维修手册。

安装作业记录表　　　　　　　　　　表 8-3

步骤	图　　示	内　　容	完成情况
1	齿条　专用工具　齿条密封圈　安装及固定密封圈	（1）用热风枪将齿条密封圈加热到约 40℃（104 ℉），再将其安装到齿条上； （2）用专用工具将齿条密封圈压紧在齿条上。一定要从齿条侧插入工具； （3）插入新的齿条油封	是□　否□
	小提示： (1)在齿条油封中放入塑料膜以免齿条上的齿损坏油封； (2)油封安装到位后不要忘记取下塑料膜； (3)确保油封唇面对面放置。		
2	中心衬套　齿条油封	将中心衬套、齿条油封和齿条总成一同装入	是□　否□
3	齿条油封　端盖总成	将齿条油封和端盖总成套到齿条上,然后拧紧端盖总成	是□　否□
4	2~3mm　转向器壳体　端盖总成	通过铆接将端盖总成固定在转向器壳体上	是□　否□

步骤	图　示	内　容	完成情况
5	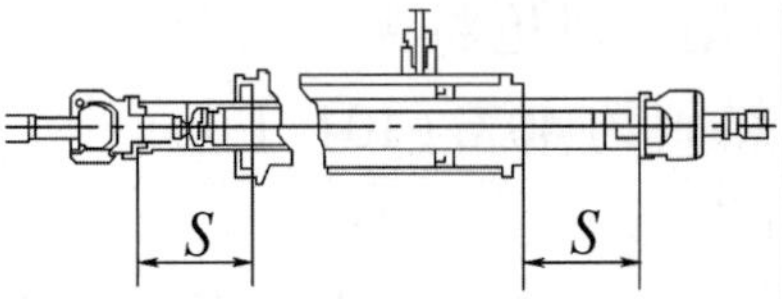	将齿条置于中间位置	是□　否□
6	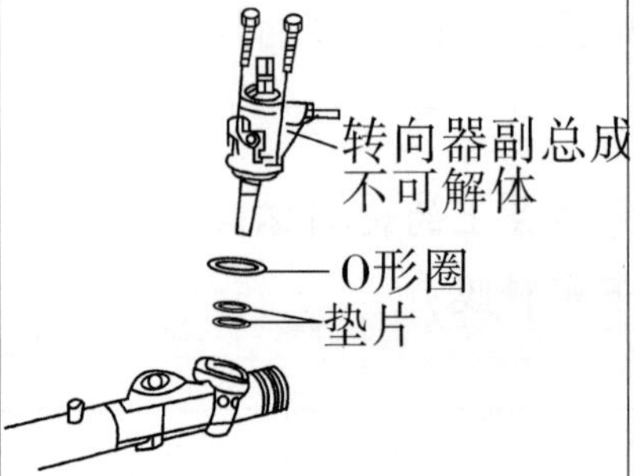 转向器副总成不可解体 O形圈 垫片	将调整垫片和O形圈安装到转向器分总成上 注意： (1)无论转向器副总成是否更换,安装与原来相同数量的垫片; (2)废弃旧O形圈,安装新O形圈。 将转向器副总成固定螺栓拧紧到规定力矩。	是□　否□
7	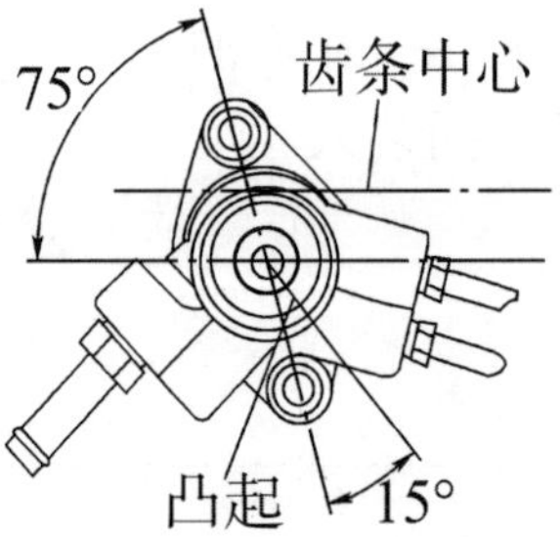 75°　齿条中心 凸起　15°	确保齿条位于中间位置。安装后盖使其凸起部分的位置如左图所示	是□　否□
8	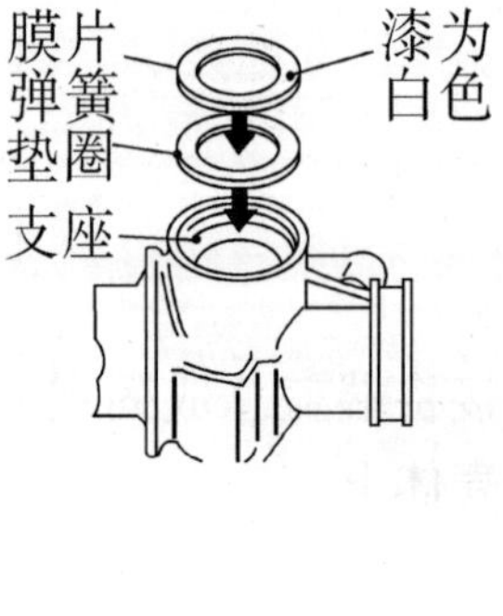 膜片弹簧　漆为白色 垫圈 支座 	(1)将膜片弹簧装入转向器壳体; 必须按照安装弹簧座、弹簧垫圈和膜片弹簧的顺序来安装。 确保安装时膜片弹簧凸状端(漆为白色)朝外。 (2)临时安装弹簧座固定弹簧和调节螺钉	是□　否□

续上表

步骤	图 示	内 容	完成情况
9	敲弯 凹槽 锁紧密封圈 内管套 锁盘 齿条 隔离垫圈 隔离垫圈 锁片	（1）将锁片安装到齿条上； ①将隔离垫圈暂时安装到齿条上。 废弃旧隔离垫圈,安装新隔离垫圈。 ②将锁片安装到内管套上。 ③在内管套螺纹上涂一层锁紧密封胶。将内管套拧入齿条并拧紧至规定的力矩。 ④在齿条缺口处敲弯锁片（两处）。 如左图所示,将隔离垫圈安装到锁片处。安装时不要损坏隔离垫圈。 （2）拧紧外管套锁紧螺母； （3）测量齿条行程	是□ 否□

小提示:安装防尘罩之前,在转向横拉杆与防尘罩的接触表面涂上润滑脂。

步骤	图 示	内 容	完成情况
10	小于3.5mm 夹住 防尘罩卡箍梯形部位	安装防尘罩卡箍。 将防尘罩卡箍安装在防尘罩槽中并夹紧梯形根部。 确保防尘罩卡箍夹紧部位的间隙小于3.5mm,如左图所示。在车上安装转向器后,确保防尘罩卡箍夹紧部位朝向汽车后方（防止与邻近的零件相互干扰）	是□ 否□

引导问题 12 **如何调整齿轮齿条式转向器?**

请根据调整作业表8-4的步骤完成作业内容,并填写作业记录。

调整作业记录表   表8-4

步骤	图 示	内 容	完成情况
1	锁紧螺母 使用密封胶 调节螺钉	(1)在转向器内没油的情况下,将齿条置于中间位置; (2)在调节螺钉上涂上锁紧密封胶,再将其拧入; (3)轻轻地拧上锁紧螺母; (4)将调节螺钉拧紧至4.9~5.9 N·m; (5)拧松调节螺钉,再将其拧紧至0.2N·m; (6)让齿条沿其最大行程来回移动几次	是□ 否□
2	专用工具	(1)在中间位置开始的180°范围内测量小齿轮转动转矩,到达最大转矩处停止转向器; (2)拧松调节螺钉,然后重新拧紧至4.9N·m; (3)旋松调节螺钉50°~70°	是□ 否□

三 评价与反馈

对本学习任务进行评价,完成表8-5。

反馈评价表   表 8-5

请根据你自己在工作中和课堂上的表现,对自己进行客观的评价,看看你能获得几颗星?

评价项目	5 颗星	3 颗星	1 颗星	评价结果
知识掌握情况	掌握相关理论知识,并能运用到实际操作中,任务完成良好	基本能够理解相关理论知识,能够完成相应工作	对相关理论知识不明白,不能或者难以完成相应的工作	
动手实践情况	积极参加,做好安全保护工作,注重工作质量	会动手实践,安全保护措施到位,工作质量较好	出现安全隐患,不知道如何动手实践	
小组合作情况	与小组成员配合工作很愉快	与小组其他同学配合工作交流较少	没有与其他同学进行交流	
6S 执行情况	值日认真,服从指挥,工位工装整洁,职业形象好	值日较认真,出现迟到或其他违纪情况	出现忘记值日,工位或工装不整洁的情况	
哪些方面需要改进				
教师点评				
学生姓名		小组长签名		
教师签名		日期		

四 学习拓展

(1) 常见的转向器有哪几种类型?

(2) 循环球式转向器有何结构特点?

(3) 齿轮齿条式转向器有哪些检查项目?

学习任务九　动力转向液的检查与更换

学习目标

◎ **知识目标**

(1) 掌握动力转向的作用和类型。

(2) 掌握液压式动力转向系统的组成和工作原理。

◎ **技能目标**

(1) 能够对动力转向液进行正确的检查。

(2) 能够规范地更换动力转向液。

◎ **素养目标**

(1) 能够制订工作计划,独立完成工作学习任务。

(2) 能够在工作过程中,与小组其他成员合作、交流并进行学习任务分工,具备团队合作和安全操作的意识。

(3) 养成服从管理,规范作业的良好工作习惯。

(4) 培养安全工作的习惯。

建议完成本学习任务的时间为:6 课时。

学习任务描述

一辆威驰轿车,车主反映:转向沉重,需要你对动力转向液进行检查并更换。

学习内容

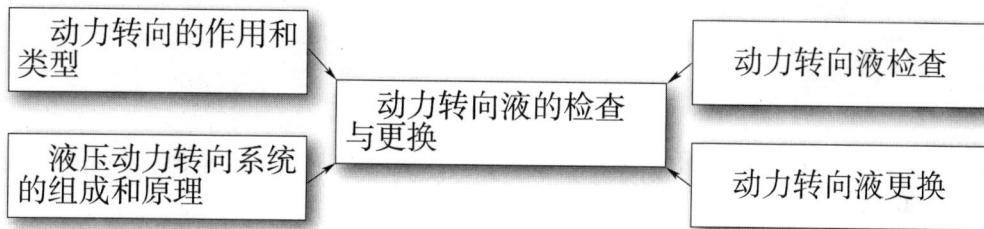

注意事项

(1)在工作过程中要注意人身安全,认真执行 6S 管理。

(2)在工作过程中请根据操作步骤,规范操作,防止损坏设备和器材。

(3)严格按照工作要求正确使用仪器设备,出现问题及时报告,服从管理。

━━━━━━━━━━━━━━━━━━━━━━━━━━━━━━━━━━━━━━━

● 资料收集

引导问题 1 ▶ 动力转向系统的作用是什么? 它有哪些类型?

　　过去的汽车转向是没有动力辅助转向的,为了减轻操作的力度,都把转向盘设计得很大,这样在操作时可以省些力。现在为了改善行驶的舒适性,大多数现代汽车装有较宽的低压轮胎,这样增加了轮胎与路面的接触面积,结果需要更大的转向力。

　　动力转向属于助力转向,它是指可以借助外力的帮助,减轻转向盘操作力的装置。现在轿车上基本都采用动力转向,因此驾驶人能够轻松操作驾驶。

　　根据助力来源形式的不同,动力转向又分为液压式和电动式两种类型,分别如图 9-1 和图 9-2 所示。前者是利用液压机构来提供动力,后者则是利用电动机作为转向动力。由于计算机技术在汽车上的广泛应用,电动式动力转向可实现更先进的控制方式,因此现在高档轿车上一般都采用电动式动力转向。

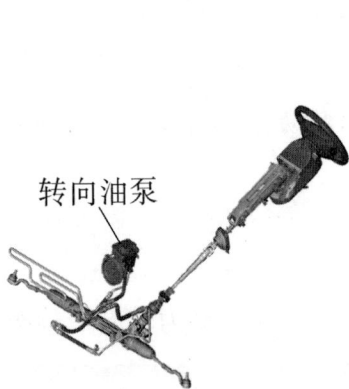

图 9-1　液压式动力转向系统

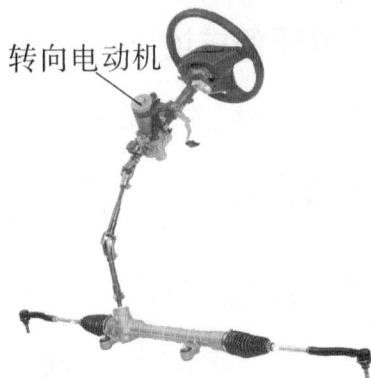

图 9-2　电动式动力转向系统

引导问题2 ▶ **液压式动力转向系统由哪些部件组成?**

汽车液压式动力转向系统,如图 9-3 所示,包括储液罐、动力转向泵、动力转向器总成、压力软管、回油软管等部件。

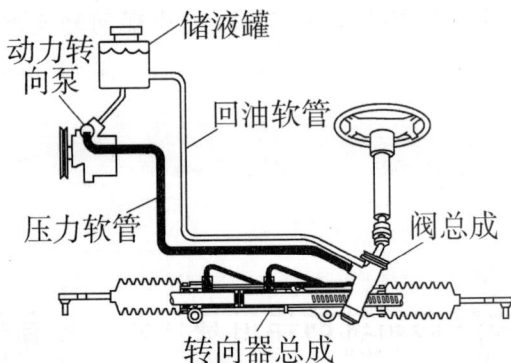

图 9-3　液压式动力转向系统组成

1 动力转向器

转向盘的转动通过中间轴传递到小齿轮,如图 9-4 所示。小齿轮通过与齿条的啮合驱使齿条向左或向右移动,然后将该力通过转向横拉杆传递到转向节,以转变车轮的行驶方向。动力转向器有一个转阀式转向控制阀,如图 9-4 和图 9-5所示,它将来自动力转向泵的动力转向液导入齿条活塞的一侧,推动齿条活塞向左或向右移动,产生助力作用。

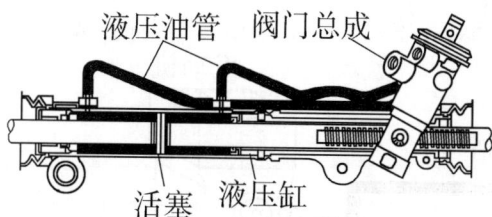

图9-4　动力转向器总成

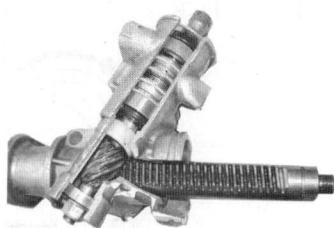

图9-5　转向控制阀

2　动力转向泵

动力转向泵一般为标准的叶片泵,由发动机曲轴通过附件驱动带驱动,如图9-6所示。

如图9-7所示,叶片泵主要由叶轮、叶轮轴、叶片和凸轮环组成。当转子叶轮顺时针方向旋转时,叶片在离心力作用下紧贴在定子的内表面上,其工作容积开始由小变大,从吸油口吸进油液;而后工作容积由大变小,压缩油液,经压油口向外供油。转子每旋转一周,每个工作腔都各自吸、压油两次。

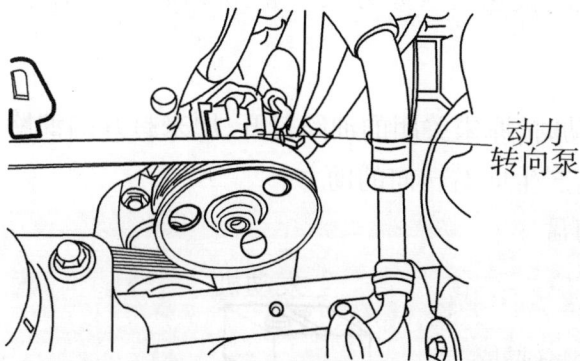

图9-6　动力转向泵

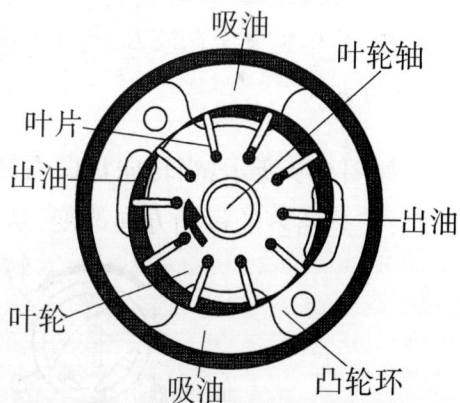

图9-7　动力转向泵内部结构

叶片泵属于定排量油泵,直接由发动机驱动,当发动机转速不同时,输出的油量和油压也有所不同,为了保持助力的稳定,通过在油泵中设置的油量控制阀来控制流量的大小。

引导问题3 ▶ **液压动力转向系统的工作原理是什么?**

如图9-8所示,当转向盘向左转动时,在转向轴的带动下,控制阀也随之移动,将其中一条油路关闭,这时另一油路打开,在动力缸活塞两端产生压力差,于是活塞向低压方向运动,从而产生助力。

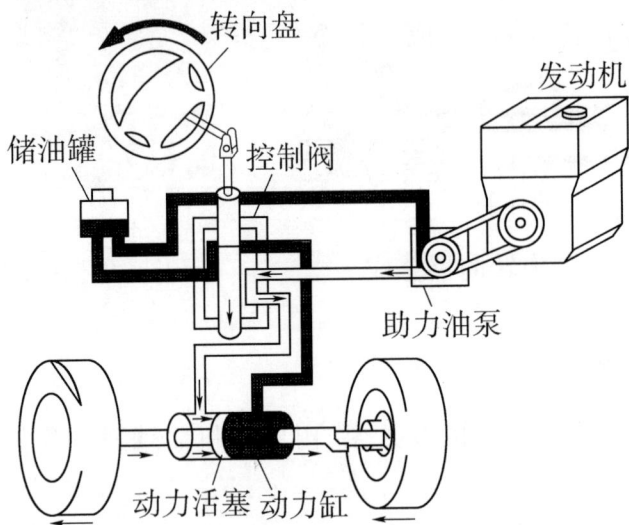

图 9-8　左转时动力转向系统工作过程

小 提 示

图 9-8 中深色液压管为高压管,浅色液压管为低压管,并标注了油液流动方向。

如图 9-9 所示,当转向盘向右转动时,原来关闭的油路打开,原来打开的油路关闭,于是活塞的运动方向改变,从而产生向右转向的助力。

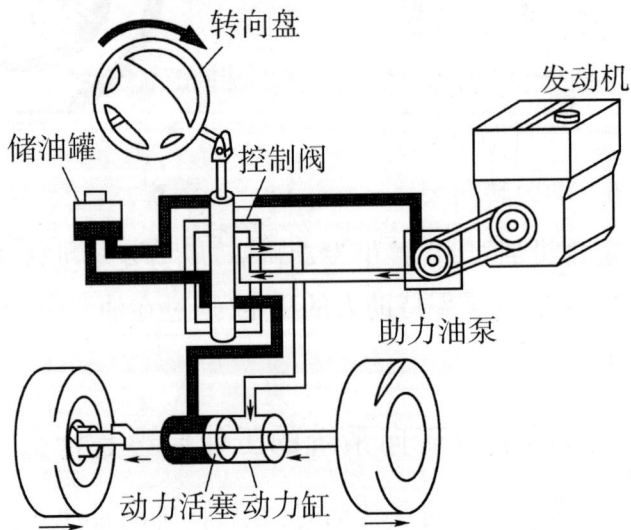

图 9-9　右转时动力转向系统工作过程

小 提 示

图9-9中深色液压管为高压管,浅色液压管为低压管,并标注了油液流动方向。

当转向盘打正时,两条油路均打开,动力缸活塞两端压力相等,不产生助力。

实施作业

引导问题4 ▶ **作业需要用到哪些工具、设备和材料?**

(1)威驰轿车、举升机、工具车、工作台。
(2)鲤鱼钳、油管、动力转向液、防护手套、接油容器、吸管、布、防护手套。
(3)翼子板布、前格栅布、三件套。

引导问题5 ▶ **作业前的准备工作有哪些?**

(1)汽车进入工位前,将工位清理干净,准备好相关的器材。
(2)将汽车停在举升机中央位置。
(3)拉紧驻车制动器操纵杆,并将变速杆置于空挡(N)或驻车挡(P)位置。
(4)套上转向盘护套、变速杆手柄套和座椅套,铺设脚垫。
(5)粘贴翼子板布和前格栅布。
(6)调整好举升机,使车辆处于可举升状态。

引导问题6 ▶ **通过查询和查找,你能找到以下信息吗?**

查找车辆基本信息,填写表9-1。

车辆基本信息工作表   表9-1

项　　目	具 体 信 息
车牌号码	
行驶里程	

续上表

项　　目	具 体 信 息
发动机型号及排量	
车辆识别代码(VIN)	

引导问题7　**怎样规范地进行动力转向液的检查与更换?**

动力转向液的检查与更换步骤见表9-2。

小 提 示

　　在轿车的维护中,一般只对动力转向液进行检查,并视情添加,即只有在汽车行驶里程达到40000km以上或动力转向液脏污后,才对动力转向液进行更换。动力转向液一般使用 ATF DEXRON Ⅱ或Ⅲ或等同的动力转向液。

动力转向液的检查与更换　　　　表9-2

步骤	图　　示	内　　容	完成情况
	一、基本检查		
1		外观检查: (1)检查动力转向液是否泄漏; (2)检查液体管路是否有裂纹和其他损坏	是□　否□
	检查结果: (1)动力转向液是否泄漏:是□　　否□ (2)软管是否有裂纹和损坏:是□　　否□		

续上表

步骤	图 示	内 容	完成情况
2	张紧轮 检查传动带张紧力 PS泵带轮 曲轴带轮	传动带的检查： （1）检查传动带有无裂纹和损坏； （2）检查传动带松紧度	是□ 否□
	检查结果： （1）传动带有无裂纹和损坏：是□ 否□ （2）张紧力是否正常：是□ 否□		
3	HOT（热）范围 COLK（冷）范围 *小提示：如果转向液较热，检查液位是否处于储液罐的 HOT 范围内；如果油液温度低，则检查是否位于储液罐的 COLD 范围内。*	动力转向液液位的检查： （1）将车辆置于水平位置； （2）发动机停转时，检查储液罐中的液位； （3）起动发动机，使其怠速运转； （4）将转向盘从一个锁止位置转动到另一个锁止位置，反复多次来提高油液温度（75～80℃）；	是□ 否□

续上表

步骤	图　示	内　容	完成情况
3	正常　　不正常 小提示:如果起泡或乳化,则要为动力转向系统排气。 发动机怠速　发动机停转 5mm或更小 小提示:液位上升最大高度为5mm,如果发现问题,则为动力转向系统排气。	(5)检查是否起泡或乳化; (6)发动机怠速时,检查储液罐中的液位; (7)发动机停转; (8)稍等几分钟,重新测量储液罐的液位	是□　否□

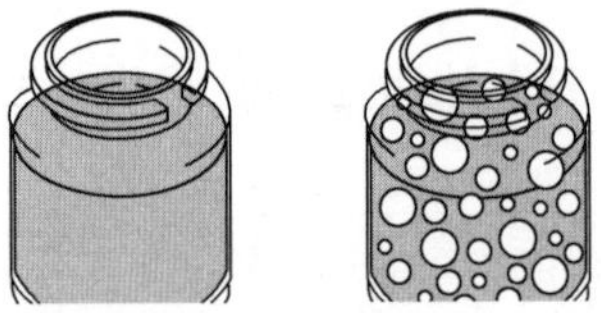

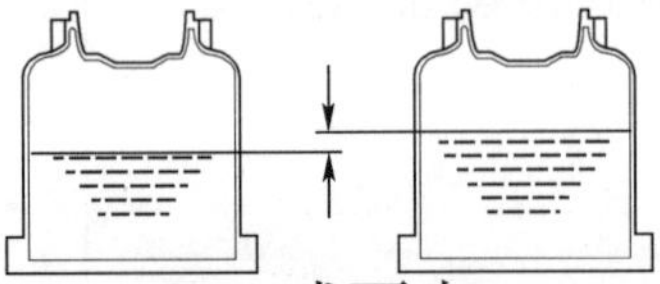

检查结果:

液位是否正常:是□　　否□

转向液是否起泡或乳化:是□　　否□

二、动力转向液的更换

| 1 | 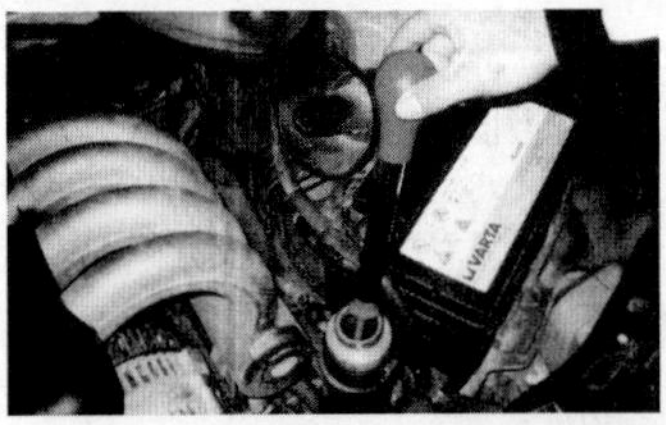 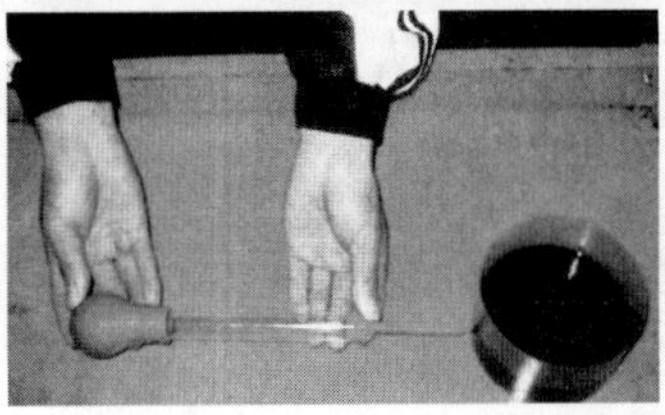
小提示:也可以使用专业的动力转向液更换设备。 | (1)举起车辆,使其离开地面。确保前轮能自由转动;
(2)从动力转向液储液罐吸出动力转向液 | 是□　否□ |

续上表

步骤	图　示	内　　容	完成情况
2		排出所有动力转向液: (1)从动力转向液储液罐上拆卸动力转向回油管; (2)将动力转向液通过动力转向系统回油管排放到一容量足够的储液盘内; (3)起动发动机并让发动机怠速运转; (4)将转向盘从左到右、从右到左来回转动,确保排放出动力转向系统中全部动力转向液	是□　否□
3	动力转向系统回油软管	清洗动力转向系统管路并加注动力转向液: (1)用动力转向液冲洗动力转向系统; (2)检查排放出的动力转向液,直到油液清澈; (3)关闭发动机; (4)重新连接动力转向系统回油管路; (5)旋开动力转向液储液罐盖帽; (6)添注动力转向液至COLD(冷)标记位置	是□　否□

步骤	图　示	内　容	完成情况
4	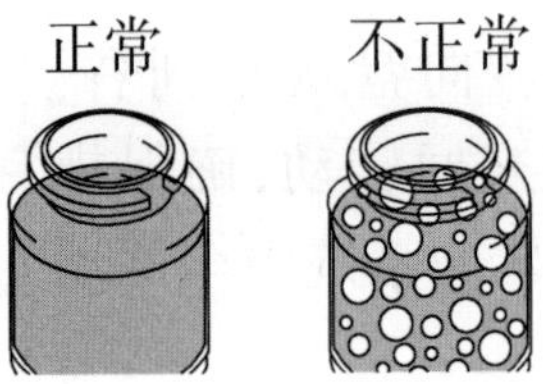 正常　　不正常	动力转向系统排气： （1）在发动机停转时，轻轻转动转向盘从一个锁止位置到另一个锁止位置，反复多次； （2）放低车辆； （3）起动发动机，怠速运转几分钟； （4）发动机怠速运转，将转向盘从左向右转到全锁位置，并保持2～3s，然后反方向到另一全锁位置保持2～3s，重复该步骤数次； （5）停止发动机； （6）如果无起泡或乳化则排气完成，否则重复； （7）检查液位	是□　否□

排气结果：
动力转向液是否起泡或乳化：是□　否□
液位是否正常：是□　否□

三　评价与反馈

对本学习任务进行评价，完成表9-3。

反馈评价表   表 9-3

请根据你自己在工作中和课堂上的表现,对自己进行客观的评价,看看你能获得几颗星?

评价项目	5 颗星	3 颗星	1 颗星	评价结果
知识掌握情况	掌握相关理论知识,并能运用到实际操作中,任务完成良好	基本能够理解相关理论知识,能够完成相应工作	对相关理论知识不明白,不能或者难以完成相应的工作	
动手实践情况	积极参加,做好安全保护工作,注重工作质量	会动手实践,安全保护措施到位,工作质量较好	出现安全隐患,不知道如何动手实践	
小组合作情况	与小组成员配合工作很愉快	与小组其他同学配合工作交流较少	没有与其他同学进行交流	
6S 执行情况	值日认真,服从指挥,工位工装整洁,职业形象好	值日较认真,出现迟到或其他违纪情况	出现忘记值日,工位或工装不整洁的情况	
哪些方面需要改进				
教师点评				
学生姓名		小组长签名		
教师签名		日期		

四 学习拓展

(1)查找资料,了解动力转向器中控制阀的结构和原理。

(2)电子液压动力转向系统(EHPS)。就目前汽车上配置的助力转型系统,大致可以分为三类:

①机械式液压动力转向系统。

②电子液压动力转向系统(EHPS)。

③电动式动力转向系统(EPS)。

如图9-10所示,电子液压动力转向系统主要部件为储液罐、动力转向ECU、电动泵、转向器、助力转向传感器等,其中动力转向ECU和电动泵是一个整体。

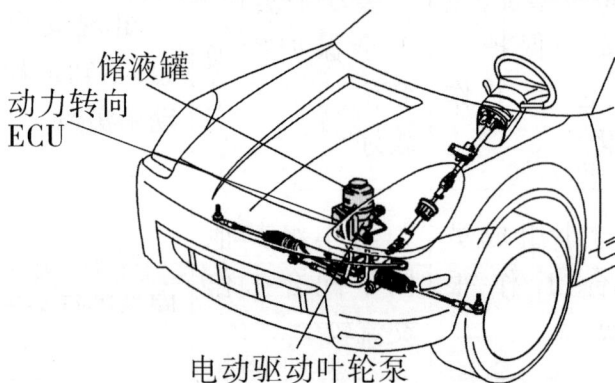

储液罐
动力转向ECU
电动驱动叶轮泵

图9-10　电子液压动力转向系统

电子液压动力转向系统克服了传统的液压动力转向系统的缺点。它所采用的液压泵不再靠发动机传动带直接驱动,而是采用一个电动泵,它所有的工作状态都是由动力转向ECU根据车辆的行驶速度、转向角度等信号计算出的最理想状态。简单地说,在低速大转向时,动力转向ECU驱动电子液压泵以高速运转输出较大功率,使驾驶人打方向省力;汽车在高速行驶时,动力转向ECU驱动电子液压泵以较低速度运转,在不至于影响高速打转向需要的同时,节省一部分发动机功率。

(3)电动式动力转向系统(EPS)。电动式动力转向系统(EPS)英文全称是Electronic Power Steering,简称EPS,它利用电动机产生的动力协助驾驶人进行动力转向。EPS的构成,不同的汽车,尽管结构部件不一样,但大体相同。如图9-11

所示，一般是由转矩（转向）传感器、电子控制单元、电动机、减速器、机械转向器以及蓄电池电源构成。

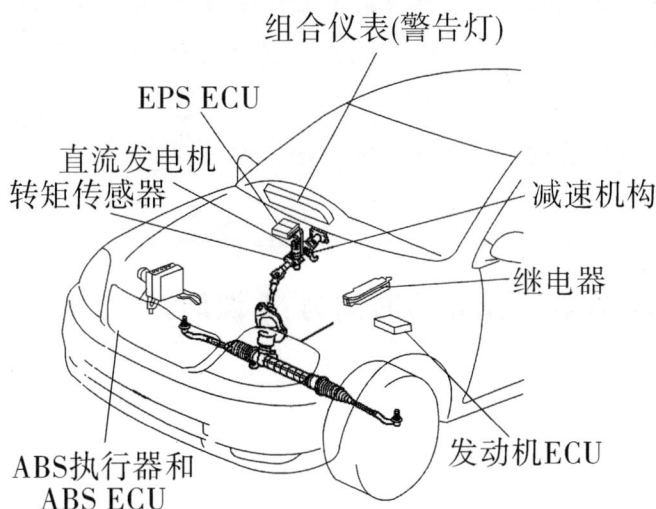

图9-11 电动式动力转向系统组成

EPS的主要工作原理如下：汽车在转向时，转矩传感器会"感觉"到转向盘的力矩和拟转动的方向，这些信号会通过数据总线发给电子控制单元，电子控制单元会根据传动力矩、拟转动的方向等数据信号，向电动机控制器发出动作指令，从而电动机就会根据具体的需要输出相应大小的转动力矩，从而产生了助力转向。如果不转向，则系统不工作，处于休眠状态等待调用。由于电动助力转向的工作特性，使驾驶人感觉到不仅方向感好，而且高速时方向更稳，即俗话说"方向不发飘"。

学习任务十 电动助力式转向系统的检修

学习目标

◎ 知识目标

(1)认识电动助力式转向系统的基本结构和类型。

(2)了解电动助力式转向系统的基本工作原理。

(3)能叙述电动助力式转向系统检修的基本方法。

◎ 技能目标

(1)能够对电动助力式转向系统进行检修。

(2)会正确进行作业前的准备工作。

◎ **素养目标**

(1)能够制订工作计划,独立完成工作学习任务。

(2)能够在工作过程中,与小组其他成员合作、交流并进行任务分工,具备团队合作和安全操作的意识。

(3)养成服从管理、规范作业的良好工作习惯。

(4)培养安全工作的习惯。

建议完成本学习任务的时间为:4 课时。

任务描述

一辆迈腾轿车,车主反映:仪表板转向信号灯点亮,需要你对转向系统进行检测,确定故障部位并进行修理。

学习内容

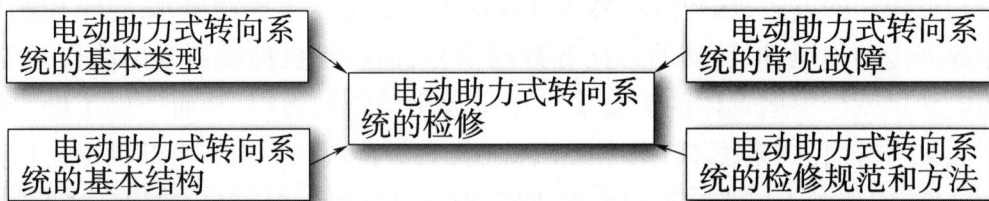

注意事项

(1)在工作过程中要注意人身安全,认真执行6S管理。

(2)在工作过程中请根据操作步骤,规范操作,防止损坏设备和器材。

(3)严格按照工作要求正确使用仪器设备,出现问题及时报告,服从管理。

● **一 资料收集**

引导问题1 ▶ **电动助力式转向系统由哪些部件组成？ 电动助力式转向系统是如何工作的？**

电动助力式转向系统(Electric Power Steering,EPS)是一种通过电动机提供辅助转矩的转向系统,与传统的液压助力式转向系统(Hydraulic Power Steering,HPS)相比,该系统省去了液压系统,由电动机直接提供转向助力。EPS对车辆的稳定性与安全性有至关重要的作用。电动助力式转向系统主要由带转向角度传感器的转向盘、转向柱、转向器、转向转矩传感器、转向控制单元、转向电动机、转向故障指示灯等元件组成,如图10-1所示。

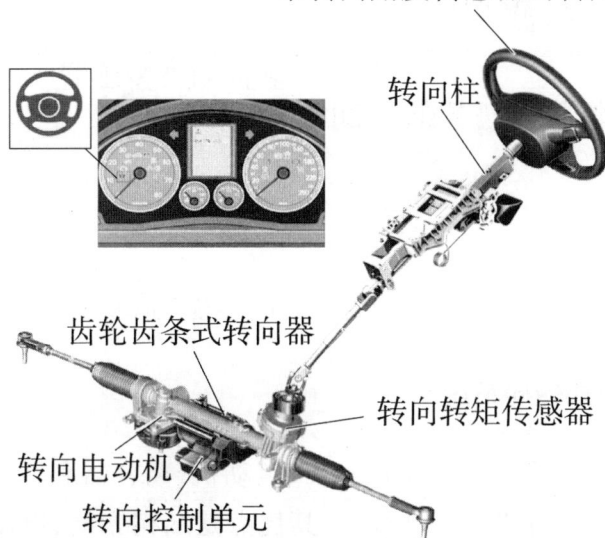

图10-1　电动助力式转向系统的结构组成

电动助力式转向系统在工作时,其工作原理如图10-2所示。驾驶人操纵转向盘进行转向,转矩传感器检测到转向盘的转矩大小和转动角度,将电压信号输送到转向控制单元,转向控制单元根据转矩传感器检测到的转矩电压信号、转动角度信号,结合发动机控制单元的车速信号、发动机转速信号等,向电动机发出指令,使电动机输出相应大小和方向的转向助力转矩,从而产生辅助转向动力。汽车不转向时,转向控制单元不向电动机控制器发出指令,电动机不工作。根据车速的不同,电动机向转向器提供不同的助力效果,以保证汽车在低速转向行驶时轻便灵活,高速转向行驶时稳定可靠。

引导问题2 ▶▶ **电动助力式转向系统有几种类型?**

电动助力式转向系统按照辅助电动机的安装位置可分为转向柱助力式转向系统、小齿轮助力式转向系统、齿条助力式转向系统、线控助力式转向系统四种类型。

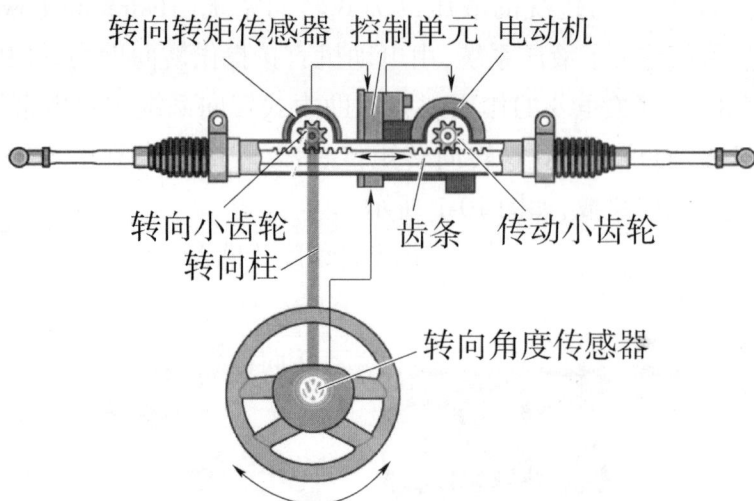

图 10-2　电动助力式转向系统工作原理

1 转向柱助力式转向系统

转向柱助力式转向系统其转矩传感器、电动机、离合器和转向助力机构组成一体,安装在转向柱上,如图 10-3 所示。其优点是结构紧凑,电动机助力的响应性较好。但由于助力电动机安装在驾驶室内,受到空间布置和噪声的限制,电动机的体积较小,输出转矩不大,一般只用在小型及紧凑型车辆上。

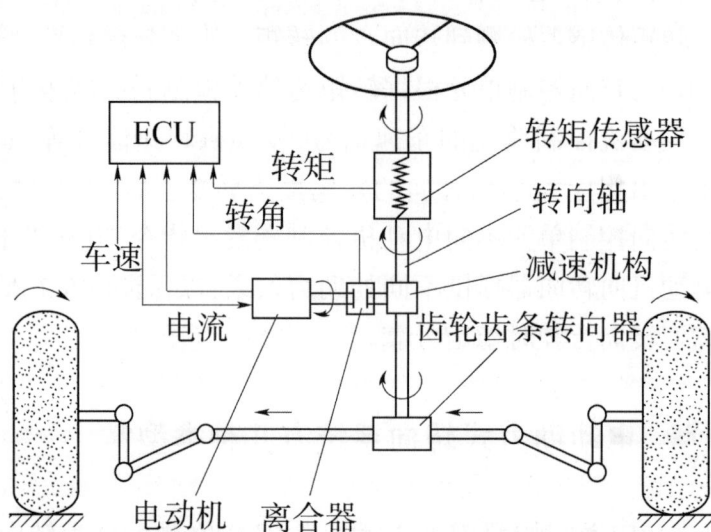

图 10-3　转向柱助力式转向系统

2 小齿轮助力式转向系统

小齿轮助力式转向系统其转矩传感器、电动机、离合器和转向助力机构仍为一体,只是整体安装在转向小齿轮处,电动机布置在小齿轮与齿条啮合处,这种系统更加紧凑,能够节省很大的布置空间。由于其提供的助力不大,所以只适合于小型车。

3 齿条助力式转向系统

齿条助力式转向系统的转矩传感器单独地安装在小齿轮处,电动机与转向助力机构一起安装在齿条另一侧,用以给齿条助力。齿条助力式转向系统的电动机驱动齿条,能提供更大的助力转矩,如图10-2所示。

4 线控助力式转向系统

线控助力式转向系统取消了转向机构与转向盘的连接,转向盘向控制单元提供转向信号,动力辅助机构根据控制单元的信号驱动转向器的齿条实现转向。这种类型的助力转向系统主要应用在电动汽车上,可实现转向轮、操纵杆和线控组件的独立安装设计。线控助力式转向系统在与电气牵引系统配套使用时,用户可根据载荷和转向角度对牵引速度进行控制,改善电动汽车的驾驶性能、稳定性以及总体安全性。

引导问题3 电动助力式转向系统有何优点?

电动助力式转向系统主要有以下优点。

1 降低了燃油消耗,提高了车辆的环保性

传统的液压助力转向系统由发动机带动转向油泵,不管转向或者不转向都要消耗发动机部分动力。而电动助力式转向系统只是在转向时才由电动机提供助力,不转向时不消耗能量。因此,电动助力式转向系统可以降低车辆的燃油消耗。此外,由于电动助力式转向系统不再使用液压系统来进行转向支持,因此大大增加了车辆的环保程度。

2 提高了转向操纵稳定性

电动助力式转向系统的电动助力电动机与转向机构直接相连,可以使其

能量直接用于车轮的转向,通过软件编程和硬件控制,可得到覆盖整个车速的可变转向力,使车轮的反转和转向前轮摆振大大减少。因此转向系统的抗扰动能力大大增强,无论是停车还是低速或高速行驶时,它都能提供可靠、可控性好的感觉,而且更易于操作,当有持续的侧风或路面倾斜时,会在进行直线行驶修正时产生一个支持转矩,这样就减轻了直线行驶时驾驶人的负担,提高了转向操纵稳定性。

3 改善了转向回正性

电动助力式转向系统在工作过程中,持续监测转向轮和转向盘的位置,通过系统的内设程序,可以轻易将转向轮恢复到直线行驶位置,在每一种行车工况下,都能让驾驶人有明显的中心感觉以及起到极其精确的直线引导作用。

引导问题4 **电动助力式转向系统转向器的结构与传统的转向器有何不同?**

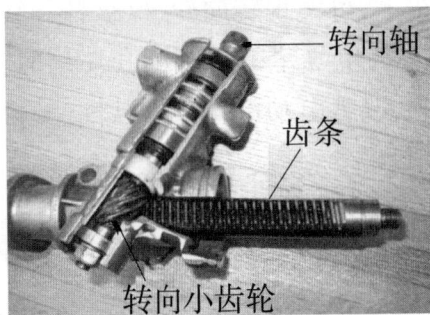

图10-4 传统的齿轮齿条式转向器

传统的齿轮齿条式转向器如图10-4所示,转向器上只有一个齿条与转向轴上的小齿轮啮合。而电动助力式转向系统中的转向器齿条上加工两处齿条,如图10-5所示(大众迈腾电动转向器)。图10-5中齿条A与转向轴上的小齿轮A'啮合,齿条B与转向电动机的小齿轮B'啮合,也就是说电动助力式转向系统中的转向器由2个驱动小齿轮共同驱动,如图10-6所示。

引导问题5 **电动助力式转向系统是如何进行转向控制的?**

下面以大众迈腾轿车上的电动助力式转向系统介绍电动助力式转向系统的控制原理,其电动助力式转向控制系统如图10-7所示。

在转向控制单元的存储器中存储有转向综合特性曲线来对转向助力进行调节,如图10-8所示。

一个综合特性曲线包括了5个不同的特性曲线,这5个特性曲线分别对应不同的车速。(比如0km/h、15km/h、50km/h、100km/h和250km/h)。转向控制单元在工作过程中,根据车速信号找到对应的车速转向特性曲线,可以得到某种转向盘转矩下,通过电动机驱动转矩提供的转向助力支持应该有多大。其工作过程如图 10-9 所示。

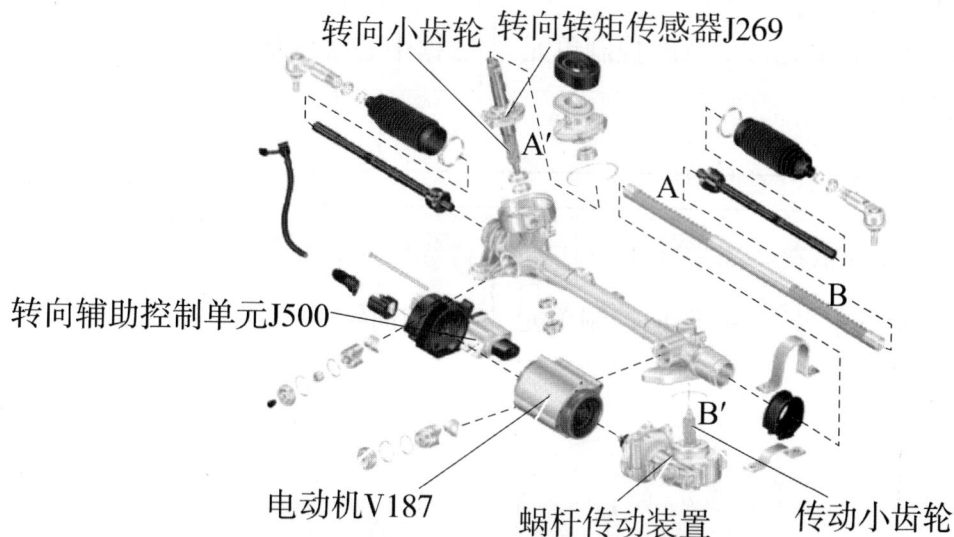

图 10-5 电动助力式转向系统的转向器(大众迈腾电动转向器)

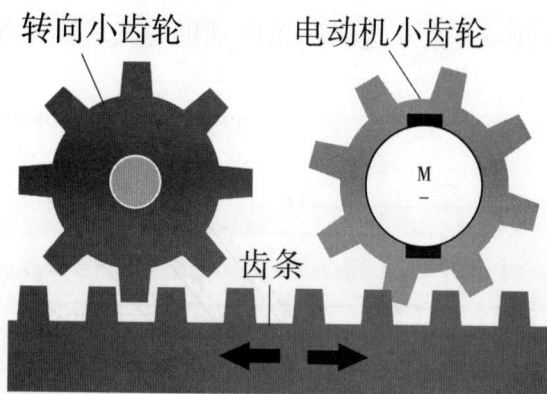

图 10-6 电动助力式转向系统的转向器的驱动齿轮

工作过程说明如下:

1——驾驶人打转向盘时,转向助力便开始工作。

2——由于转向盘上转矩的作用,转向器中的转矩杆转动。转向转矩传感器 G269 探测转矩杆的转动,并将探测到的转向转矩传递给控制单元 J500。

3——转向角度传感器 G85 检测当前转向角度,而转子转速传感器检测当前转向速度,并把信号传给转向控制单元 J500。

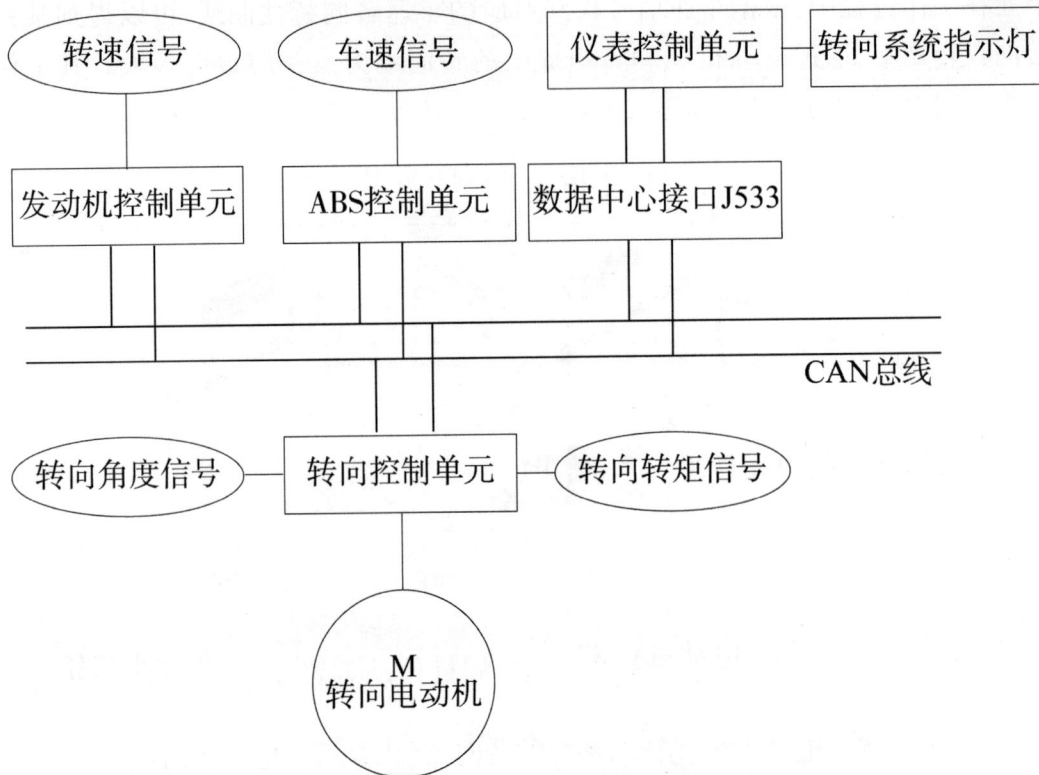

图 10-7　大众迈腾轿车电动助力式转向系统

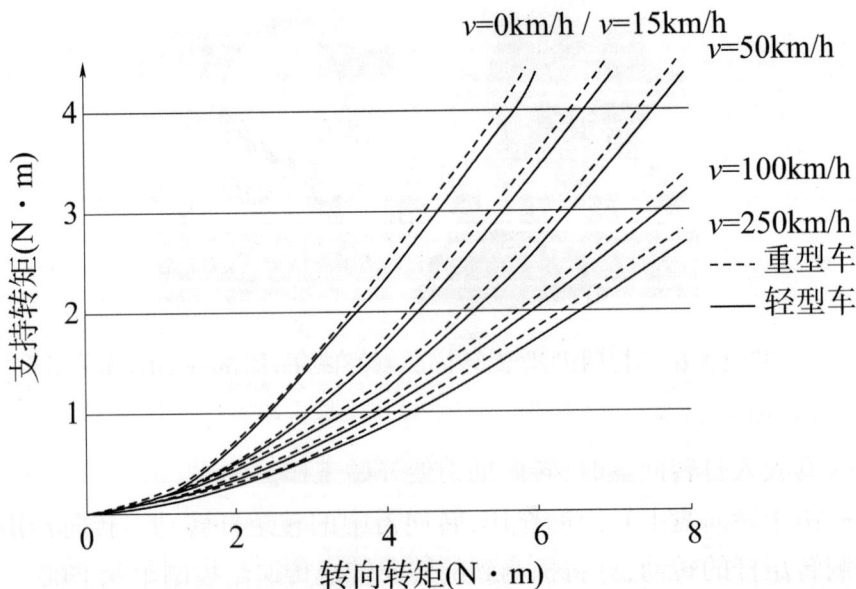

图 10-8　转向综合特性曲线(红色为轻型车,蓝色为重型车)

4——控制单元 J500 通过 CAN 总线向发动机控制单元获取发动机转速信号、向 ABS 控制单元获取车速信号,控制单元根据转向转矩、车速、发动机转速、转向角度、转向速度和控制单元中的特性曲线计算出必需的支持助力转矩,并且起动转向电动机。

5——由第二个平行作用于齿条的小齿轮来进行转向助力。小齿轮的传动由电动机来进行。电动机通过一个蜗轮传动装置和一个传动小齿轮将转向支持力传递到齿条上。

6——转向盘上的转矩和支持转矩的总合就是转向器上的有效转矩,由该转矩来驱动齿条。

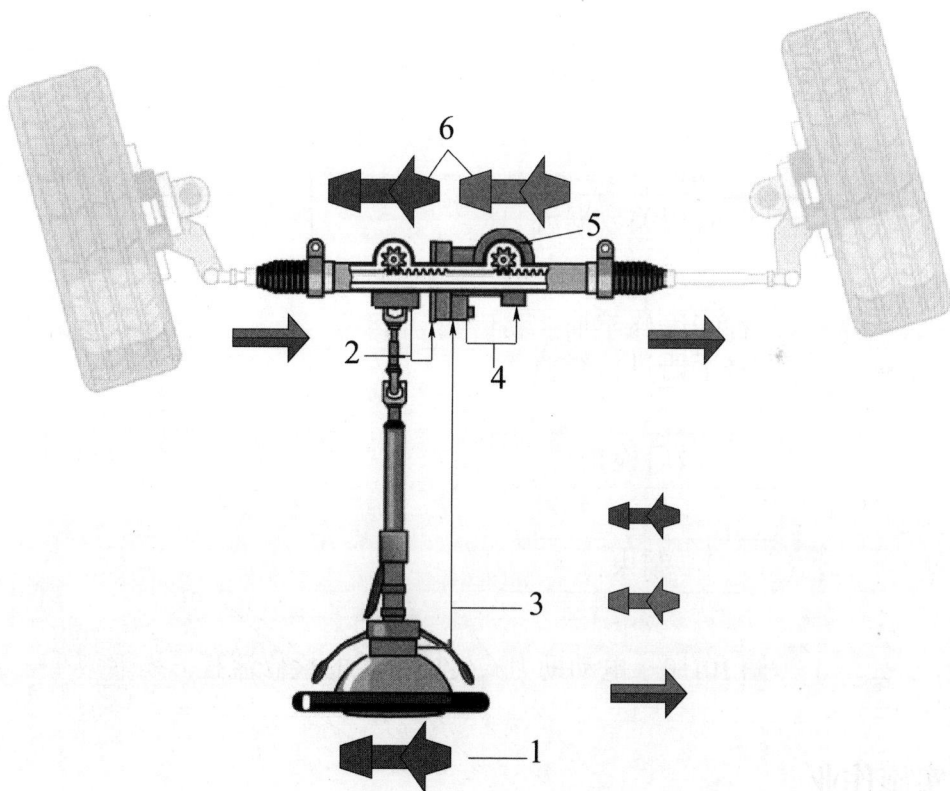

图 10-9 转向控制过程

引导问题 6 ▶ **电动助力式转向系统的检修流程是怎样的?**

车辆在行驶中转向控制指示灯点亮,一方面说明转向系统可能存在机械部分故障,另一方面也有可能存在电子部分的故障,如转向角传感器故障、电动机损坏、控制模块损坏、线路故障等。因此在进行故障维修过程中,必须按照规范逐步进行作业。电动助力式转向系统的检修流程如图10-10所示。

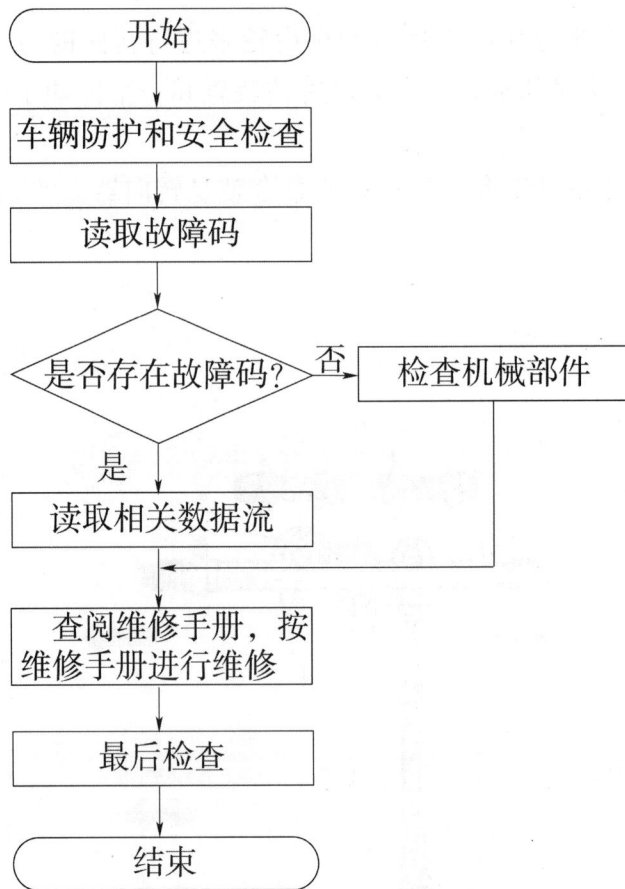

图 10-10　电动助力式转向系统的检修流程

实施作业

引导问题 7 ▶▶ **作业需要准备哪些工具、设备和材料?**

(1)迈腾轿车、举升机、诊断计算机、万用表。

(2)气动扳手、常规套筒扳手、转向盘拆装工具。

（3）翼子板布、前格栅布、三件套。

（4）工具车、工作台、维修手册。

引导问题 8 **作业前的准备工作有哪些?**

（1）汽车进入工位前,将工位清理干净,准备好相关的器材。

（2）将汽车停在举升机中央位置。

（3）拉紧驻车制动器操纵杆,并将变速杆置于空挡或驻车挡位置。

（4）套上转向盘护套、变速杆手柄套和座椅套,铺设脚垫。

（5）粘贴翼子板布和前格栅布。

（6）调整好举升机,使车辆处于可举升状态。

（7）穿戴好工作服和棉线手套,做好安全保护措施。

引导问题 9 **通过查询和查找,你能找到以下信息吗?**

查找车辆基本信息,填写表 10-1。

车辆基本信息工作表　　　　　　　　表 10-1

项　　目	具　体　信　息
车牌号码	
行驶里程	
发动机型号及排量	
车辆识别代码（VIN）	

引导问题 10 **怎样规范地对电动助力式转向系统进行检修?**

（1）连接诊断仪,读取故障码。

（2）根据故障码查阅维修手册,查看电路图,如图 10-11 所示。

（3）按表 10-2 所示步骤检查转向控制线路。

组合仪表，多功能显示器，数据总线诊断接口，自诊断插头

J119　组合仪表，多功能显示器
J285　多功能显示器
J533　数据总线中的控制单元
T16d　组合仪表总线诊断接口
T20e　16芯插头连接，自诊断插头
T36　　20芯插头连接
　　　　36芯插头连接

(B383) 连接1(驱动系统CAN总线High)，在主线束中
(B384) 连接2(驱动系统CAN总线High)，在主线束中
(B390) 连接1(驱动系统CAN总线Low)，在主线束中
(B391) 连接2(驱动系统CAN总线Low)，在主线束中

ws=白色
sw=黑色
ro =红色
br =褐色
gn =绿色
bl =蓝色
gr =灰色
li =淡紫色
ge =黄色
or =橘黄色
rs =粉红色

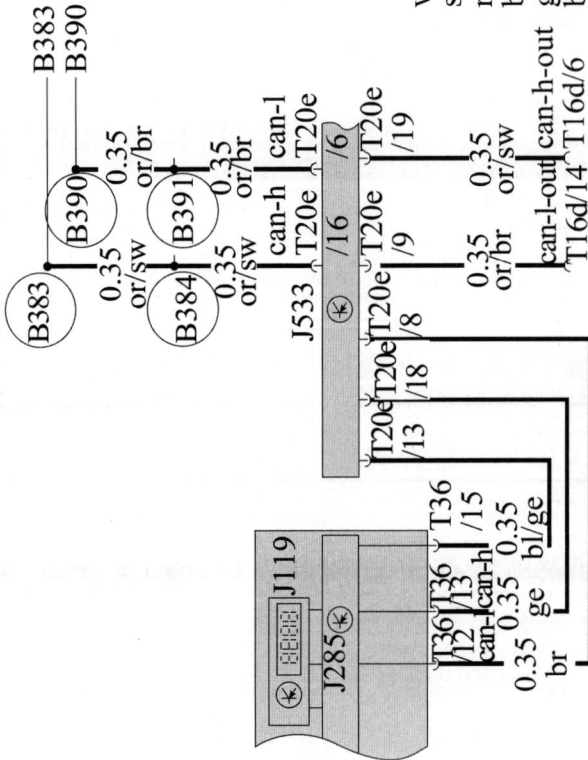

图 10-11

1 2 3 4 5 6 7 8 9 10 11 12 13 14

转向辅助控制单元，转向转矩传感器，电控机械式转向助力器电动机

G269　转向转矩传感器
J500　转向辅助控制单元
SA2　熔断丝架A上的熔断丝2
SC3　熔断丝架C上的熔断丝3
T2fn　2芯插头连接
T5s　5芯插头连接
T5z　5芯插头连接
T6e　6芯黑色插头连接，靠近转向转矩传感器
V187　发动机舱内电控机械式转向助力器电动机，连接电控转向装置，在

⑥⑦② 搭铁点2，左前纵梁上

B383 连接1(驱动系统CAN总线High)，在主线束中

B390 连接1(驱动系统CAN总线Low)，在主线束中

ws=白色
sw=黑色
ro=红色
br=褐色
gn=绿色
bl=蓝色
gr=灰色
li=淡紫色
ge=黄色
or=橘黄色
rs=粉红色

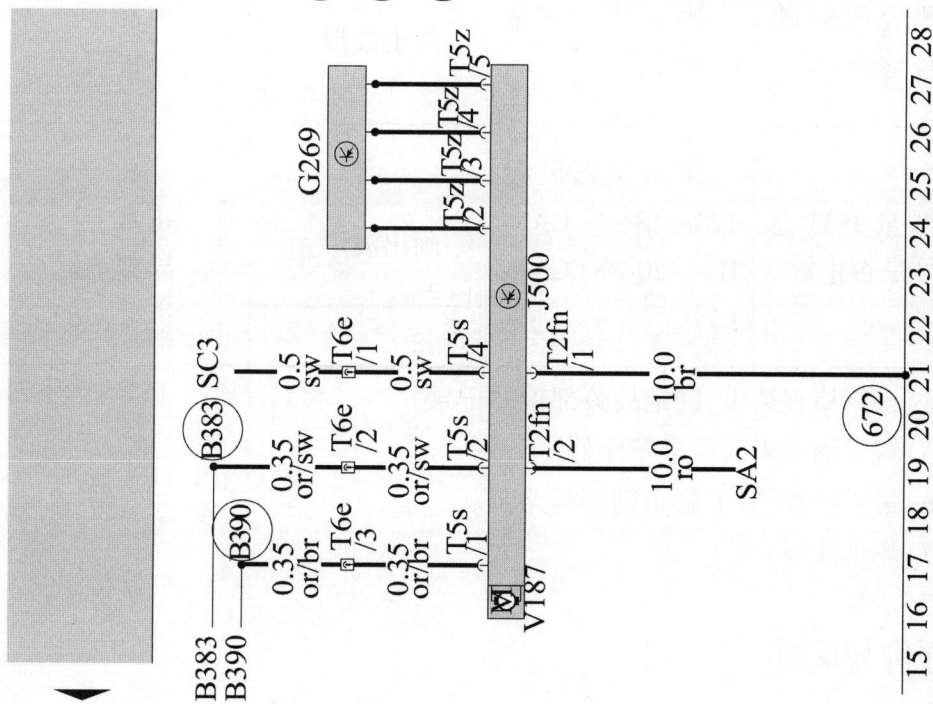

图 10-11　迈腾电动转向电路图

15 16 17 18 19 20 21 22 23 24 25 26 27 28

转向控制线路的检查   表10-2

步　　骤	作业内容	记录结果	判断结果
①检查供电电压是否正常	检查控制单元J500的T5S-1号和T5S-2号脚电压	1号脚电压为： 2号脚电压为：	正常 □ 异常 □
②检查控制单元搭铁是否正常	测量T2fn–1与车身之间的电阻	T2fn–1与车身之间的电阻为：	正常 □ 异常 □
③测量G269与J500连接是否正常	测量G269与J500之间的连接线路电阻	T5z-2： T5z-3： T5z-4： T5z-5：	正常 □ 异常 □
④测量G269输出信号是否正常	用示波器测量G269信号	画出波形：	正常 □ 异常 □
⑤测量J533总线信号是否正常	用示波器测量T20e/18（CAN-H）、T20e/8（CAN-L）	画出波形：	正常 □ 异常 □

(4)根据检查结果,确定故障部位并记录。

(5)对车辆故障部位进行维修。

(6)最后检查,对维修车辆进行路试。

(7)场地恢复。

三 评价与反馈

对本学习任务进行评价,见表10-3。

反馈评价表   表 10-3

请根据你自己在工作中和课堂上的表现,对自己进行客观的评价,看看你能获得几颗星?

评价项目	5 颗星	3 颗星	1 颗星	评价结果
知识掌握情况	掌握相关理论知识,并能运用到实际操作中,任务完成良好	基本能够理解相关理论知识,能够完成相应工作	对相关理论知识不明白,不能或者难以完成相应的工作	
动手实践情况	积极参加,做好安全保护工作,注重工作质量	会动手实践,安全保护措施到位,工作质量较好	出现安全隐患,不知道如何动手实践	
小组合作情况	与小组成员配合工作很愉快	与小组其他同学配合工作交流较少	没有与其他同学进行交流	
6S 执行情况	值日认真,服从指挥,工位、工装整洁,职业形象好	值日较认真,出现迟到或其他违纪情况	出现忘记值日,工位或工装不整洁的情况	
哪些方面需要改进				
教师点评				
学生姓名		小组长签名		
教师签名		日期		

项目四
汽车四轮定位参数的
检测与调整

项目描述

本项目主要学习车轮定位的基本知识。通过完成汽车四轮定位工作任务，掌握车轮定位作业的条件，学会进行定位前的准备工作，学会操作四轮定位仪和剪式举升机，并能够根据检测结果调整车轮定位参数。

学习任务十一　汽车四轮定位参数的检测与调整

学习目标

◎ **知识目标**

(1)能够叙述汽车四轮定位参数的含义。

(2)能够说出汽车前后轮定位的基本原理。

◎ **技能目标**

(1)能够对进行汽车四轮定位前的基本检查。

(2)能够对四轮定位前不正常的情况进行处理。

(3)能够正确对汽车进行四轮定位测量和调整。

◎ **素养目标**

(1)能够在工作过程中，与小组其他成员合作、交流并进行任务分工，具备团队合作和安全操作的意识。

(2)能够在工作中执行6S管理,养成良好的工作习惯。

建议完成本学习任务的时间为:16 课时。

学习任务描述

一辆丰田凯美瑞轿车,车主反映:在行驶过程中车辆向右侧跑偏,请你对车辆进行四轮定位参数的检查与调整。

学习内容

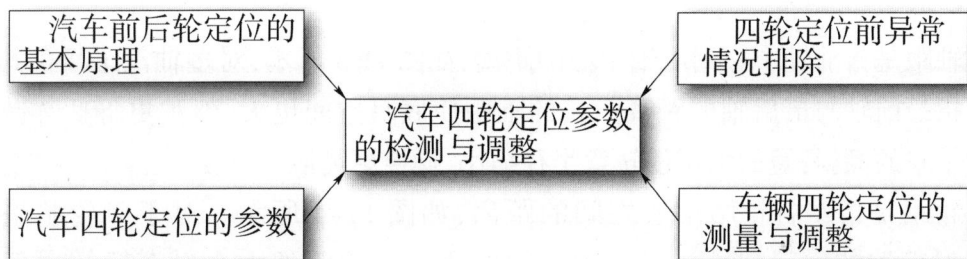

一 资料收集

引导问题1 ▶▶ **车轮位置和角度与哪些参数有关?**

车轮位置和角度对车辆的直线行驶、转向以及轮胎的磨损有着决定性的意义,受车轮位置和角度的影响,弯道行驶时会有三种情况:转向不足、转向过度和中间状态,如图11-1 和图11-2 所示。

车轮正确位置和角度由轴距、轮距、轮迹宽度、前束、外倾角、主销内倾角、主销后倾角、主销偏置距、转向时负前束等参数决定,它们也是在做车轮定位时需要掌握的内容。

图 11-1　转向不足

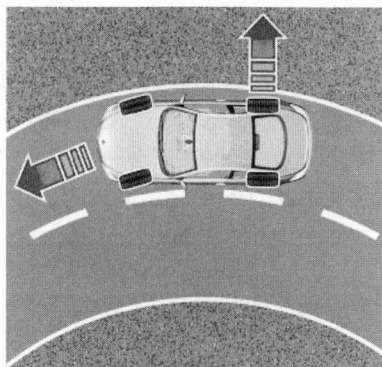

图 11-2　转向过度

引导问题2 ▶ **什么是汽车的轴距和轮距?**

轴距是指前轴中心到后轴中心的距离,如图 11-3 所示,对多轴汽车而言其轴距是指最前轴与最后轴的距离。长的轴距使底盘空间更大,驾驶更舒适并减小振动带来的倾斜;短的轴距使转弯半径缩小,操控更灵活。

轮距是指左右轮胎中心之间的距离,如图 11-4 所示。对于双轮胎是指从一对轮胎的中间到另一对轮胎中间的距离。轮距的大小对车辆转向驾驶有很大影响。

图 11-3　轴距

图 11-4　轮距

宽的轮距能提高转向时的稳定性。轮距并不是一成不变的,能够横向和倾斜位移的单侧车轮悬架,转向时弹簧的伸缩会使轮距宽度发生改变,这增大了滚动阻力和轮胎摩擦力。过大的轮距宽度变化会使汽车保持直线行驶性能变差,降低车辆的操控性。

引导问题3 　什么是车轮中心线？什么是车轮接触点？什么是几何轴线？

车轮中心线是经过轮胎中心并且与车轮轴垂直的中心线，如图11-5所示。

车轮接触点是车轮中心线与车轮轴的交点。测量时，前轮的轮距是左前车轮接触点与右前车轮接触点之间的距离，如图11-5所示。

几何轴线又称推力线，是后轴总前束的角平分线，如图11-5所示。

引导问题4 　什么是车辆中心对称面？什么是方向正前打直位置？

车辆中心对称面是汽车几何中心平面，它通过前后轴的轮距中点并且垂直于行驶平面，如图11-6所示。而车辆中心线是把前轴左右车轮接触点连线的中点与后轴左右车轮接触点连线的中点相连接形成的车辆中线。显然，车辆中心线在车辆中心对称面之内并且与行驶平面平行。左右后轴前束决定了几何轴线也就是车辆行驶时的实际推力线，所以所有前轮的测量都应该对准几何轴线（推力线）。

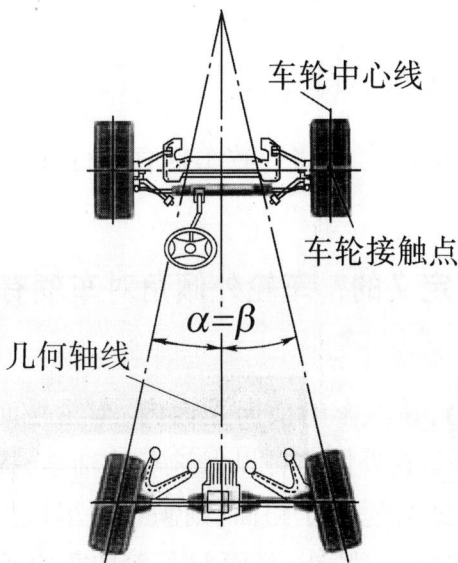

图11-5　车轮中心线、接触点和几何轴线

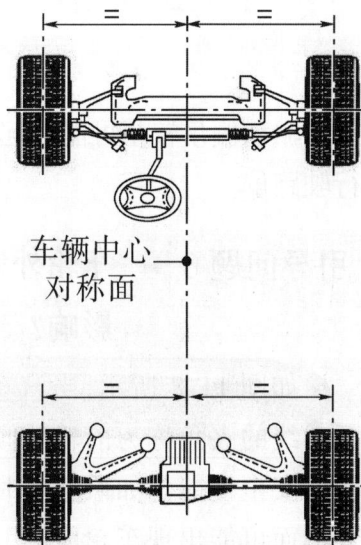

图11-6　车辆中心对称面

方向正前打直位置是指以车辆中心对称面为基准，使前轮有相同的单独前束值的测量参照位置。该标准位置被称为正前打直位置。后轴测量也由此点开始。

引导问题 5 ▷ **什么是驱动偏角？驱动偏角对车辆行驶有什么影响？**

驱动偏角是车辆中心对称面与几何轴线(推力线)之间的夹角,如图 11-7 所示。通常定义当几何轴线位于车辆中心对称面的左边时为正值。几何驱动偏角是由后轴的前束偏差、轮轴偏移、横向偏位产生的。汽车直线行驶时,沿着几何驱动偏角的方向即实际推力线的方向前进。

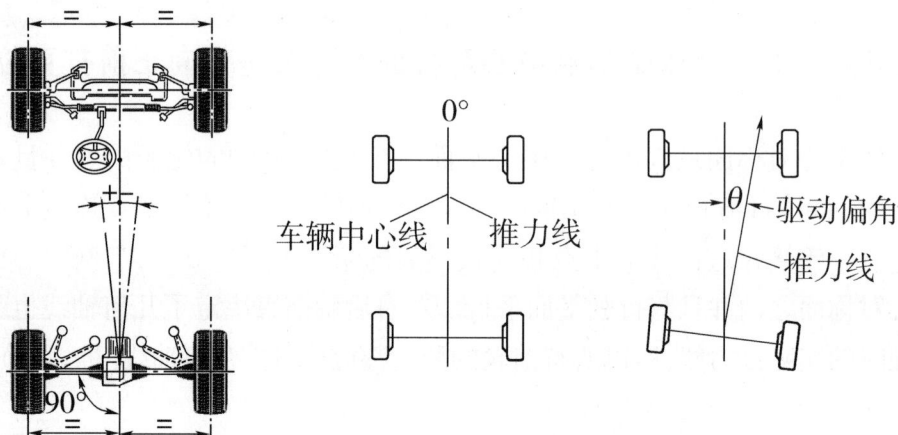

图 11-7 驱动偏角

驱动偏角较小可能引起转向盘略微偏斜;过大将导致车辆直线行驶能力差,行驶跑偏。

引导问题 6 ▷ **车轮外倾角是如何定义的？车轮外倾角对车辆有哪些影响？**

如图 11-8 所示,当汽车水平停放时,在汽车的横向垂面内,车轮平面与地面垂线的夹角称为前轮外倾角。适度的车轮外倾角可以保护车轮轴承,提高车辆的安全性能。如果空车时车轮的安装正好垂直于路面,则满载时车桥因承载变形而可能出现车轮内倾,加速轮胎的磨损。另外,路面对车轮的垂直反力沿轮毂的轴向分力将使轮毂压向外端的小轴承,加重了外端小轴承及轮毂紧固螺母的负荷,降低它们的寿命。但是外倾角也不宜过大,否则会使轮胎产生偏磨损。

当车轮顶部向外侧倾斜时外倾角为正,向内侧倾斜时外倾角为负,外倾角以度(°)为单位来表示。

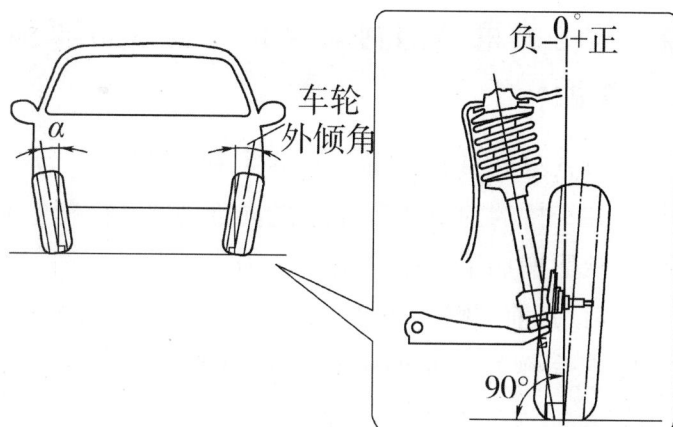

图 11-8 车轮外倾角

小提示

(1)后轮外倾角在正前打直位置时进行测量。

(2)前轮外倾角在转向系统位于中心位置时进行。

车轮外倾角对车辆的影响:

(1)外倾角过小,虽能提高曲线行驶的能力(减少由于转向离心力而产生的侧向力),但由于旋转速度快,使轮胎容易过热导致受损。

(2)外倾角过大,转向时离心力增大,会降低转向行驶的性能。(仅与前束偏差一起增加车胎外侧磨损)。

(3)外倾角偏差过大会造成轮胎单边磨损严重,如图 11-9 所示。

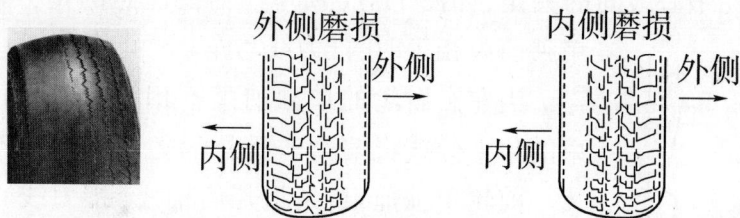

图 11-9 轮胎单边磨损

正确的外倾角有助于方向的自动回正能力。单轴两侧外倾角差距过大会引起车辆行驶跑偏。一般在汽车制造厂家的标准数据中会有所要求。

引导问题 7 ▶ **车轮前束是如何定义的？前束对车辆行驶有什么影响？**

车轮有了外倾角后,导致两侧车轮在向前行驶过程中有向两边外侧展开的趋势,但由于横拉杆和车桥的约束使车轮不能向外展开,车轮将在地面上出现边滚边向内滑的现象,从而增加了轮胎的磨损。为了消除车轮外倾的影响,在同一车桥上,车轮安装好后,其前端略向内收,使两侧车轮的前后距离不一致,因此把两侧车轮前后距离之差称为车轮前束值。如图 11-10 所示,前轮前束是 $a-b$ 的值。

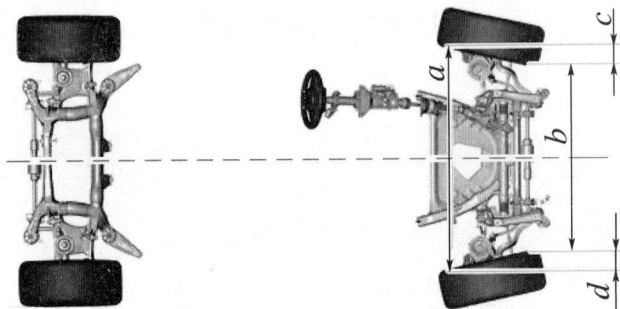

图 11-10　前轮前束

前束有总前束、后轮单独前束和前轮单独前束之分,各自都有明确的定义。

总前束:一根轴上的总前束是由轴上左右两个车轮的单独前束角之和来计算的,实际初始测量值以角度为单位。

后轮单独前束:是车辆中心线(在车辆中心对称面内,与行驶平面平行)与单侧后轮的车轮中心线间的夹角,如图 11-11 所示。需要注意的是,当左右后轮的单独前束相等时,推力线与车辆中心线重合,推力偏角为零。当左右后轮的单独前束不相等时,推力线作为总前束的角平分线将偏离车辆中心线,推力偏角不为零。

前轮单独前束:是指几何轴线(推力线)与单侧前轮的车轮中心线间的夹角,如图 11-12 所示。

图 11-12 中的①线代表车辆几何轴线(推力线)。前轴单独前束与后轴单独前束的测量基准是不同的。不难看出,前轮单独前束测量值将随着后轮单独前束的变化

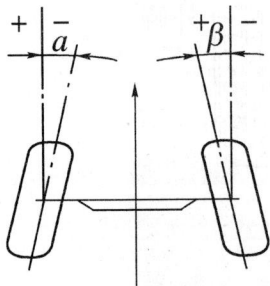

图 11-11　后轮前束

而变化。因为后轴前束的改变将引起几何轴线也就是推力线位置的移动，从而前轮单独前束的测量值随之变化，此时前轴总前束并没有改变。

实际汽车行驶时，如果后轮出现不等的单独前束值，必将使前轮的正前打直位置随之偏转，使前轮总前束的角半径与后轮总前束的角半径平行。这样汽车行驶轮迹偏斜，而且转向盘容易偏转一个角度。

应当注意的是，在调整前束时，总前束合格并不意味着单独前束是合格的。另外在调整时一般先调整后轮前束。使后轴两侧的单独前束在合格范围内并且尽量相等。这样推力偏角趋于零，推力线与车辆中心线重合。使前轮的单独前束也相对于车辆中心线对正。

如果前束过于小会导致轮胎内侧磨损，驾驶性能差。前束过大会导致轮胎外侧磨损，直线行驶能力变差。如果前束调整不当，容易在轮胎表面形成带有横纹的羽状磨损，如图 11-13 所示，如果后轮两侧单独前束相差过大，会导致推力角过大，降低车辆直线行驶的能力。

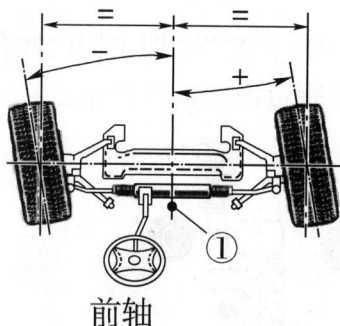

图 11-12 前轮单独前束

图 11-13 轮胎羽状磨损

引导问题 8 ▶ **主销内倾角是如何定义的？主销内倾角对车辆有哪些影响？**

主销内倾角是指主销在车辆的横向平面向内倾斜，主销轴线与地面垂线间的夹角，即主销轴线在横向垂面内的投影与地面垂线的夹角，如图 11-14 所示。主销内倾角与车轮外倾角共同形成一个角度（又称包容角），此角在弹簧伸缩时保持不变。内倾角的作用是在车辆转向时产生一个使车轮和转向盘回到正前位置的力矩，即自动回正。

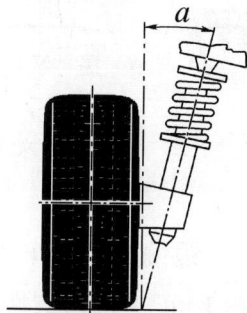

图 11-14 主销内倾角

车轮内倾角对车辆的影响：

(1)内倾角过大：转向与制动的阻力过大。

(2)内倾角过小：转向装置复位能力差，车胎容易受损。

(3)如果左、右两侧内倾角相差较大，将引起车身左右两侧倾斜，并有可能引起行驶跑偏。

小 提 示

内倾角是在转向20°时测量出的。在检测过程当中，需要使用制动踏板锁将制动踏板锁住，防止转向时车轮前后滚动，造成测量结果产生较大误差。

引导问题9 ▶ **主销偏置距是如何定义的？主销偏置距对车辆有哪些影响？**

主销偏置距是指从车轮接触面中点到转向装置转轴(即主销内倾角轴线)的延长线与车轮交点的距离，其值有正、负、零三种，如图11-15所示。

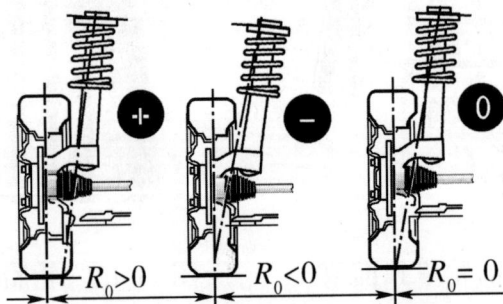

图 11-15　主销偏置距

小 提 示

主销偏置距是由主销外倾角、内倾角和轮圈宽度决定的。

主销偏置距对车辆的影响：

(1)正主销偏置距：使车辆保持稳定的直线行驶。但在不规律制动时，驾驶人为保证方向，需要反方向转动转向盘，操控性有所降低。

（2）负主销偏置距：在不规律制动时，自动产生反向力矩，驾驶人只需要握紧转向盘，容易控制方向。

（3）零主销偏置距：可以防止轮胎滚动阻力转移到转向装置。在单向制动和轮胎损伤时，提高驾驶的安全性。

引导问题 10 主销后倾角是如何定义的？主销后倾角对车辆有哪些影响？

当汽车水平停放时，在汽车的纵向垂面内，主销上部向后倾斜一个角度，主销轴线在纵向垂面内的投影与地面垂线的夹角称为主销后倾角，如图 11-16 所示。当车轮与地面接触点在主销延长线与地面接触点后面时，主销后倾角为正；当车轮与地面接触点在主销延长线与地面接触点前面时，主销后倾角为负。主销后倾角的主要作用是使车轮自动回正，使转向轻便。

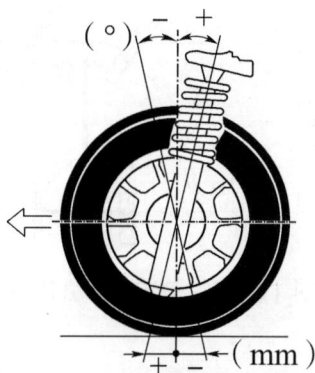

图 11-16 主销后倾角

小 提 示

由于主销后倾角是在转向20°时测量出的。在检测过程中，需要使用制动踏板锁将制动踏板锁住，防止转向时车轮前后滚动，造成测量结果产生较大误差。

主销后倾角对车辆的影响：

（1）主销后倾角为正：操纵与制动力增强，这时有稳定前束的作用。

（2）主销后倾角为负：转向装置复位能力变差，易损坏轮胎(斜向角度影响)，导致轮胎倾斜、打滑，对方向敏感。

（3）主销后倾角左、右偏差过大，会导致车身倾斜即车辆行驶时跑偏。

(4)主销后倾角正向过大,会导致车辆转向困难。

(5)主销后倾角正向过小,会导致车辆转向过于灵活,方向难以控制。

引导问题 11 ▶ **转向时负前束是如何定义的? 其对车辆哪些影响?**

转向时负前束是指转向时内侧车轮相对外侧车轮的角度差,如图 11-17 所示。操纵系统的构造使车轮角度差随转向角度的增长改变。转向时负前束表示当向左右转向时,转向梯形臂的工作方式。如果转向时的负前束正确,则左右方向转向效果相同。

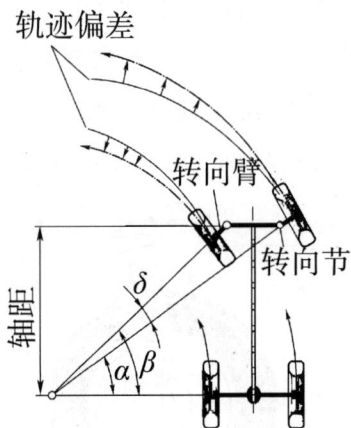

图 11-17 转向时负前束

小 提 示

测量标准要求在曲线行驶内侧车轮有 20° 转角时,测量转向负前束值,测量时要包括前束测量。

转向负前束对车辆的影响:

(1)车轮磨损增大。

(2)汽车在转向时偏离跑道,造成转向不足或者转向过度。

(3)转向角度差过大时,转向轮复位能力变差。

引导问题 12 ▶ **什么是转向梯形?**

转向节臂和横拉杆一起组成转向梯形,如图 11-18 所示。它在转向时发生变化,形成不同的转向角。直线行驶时,前束拉杆平行于前轴。转向时转向节必须转向,这时前束杆不再平行于前轴,使两个前束杆底端伸出长度不同,导致不同程度的转向。

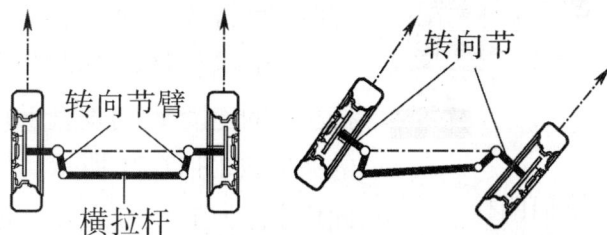

图 11-18　转向梯形

引导问题 13 ▶ **什么是最大总转角？什么是转向角？什么是轮轴偏移？**

最大总转角是向左、向右最大转向时,内侧车轮和外侧车轮中心线与车辆中心线间角度,如图 11-19 所示。

最大总转角对车辆的影响:汽车左右两侧不同的最大转向角度,导致转弯半径不同。

转向角是车轮中心线与行驶方向(车轮运动方向)的夹角,如图 11-20 所示。

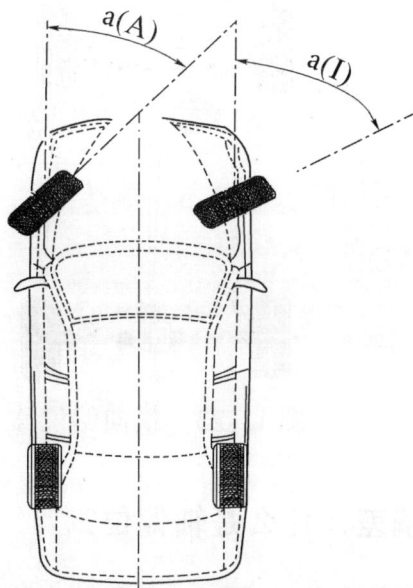

图 11-19　最大总转角

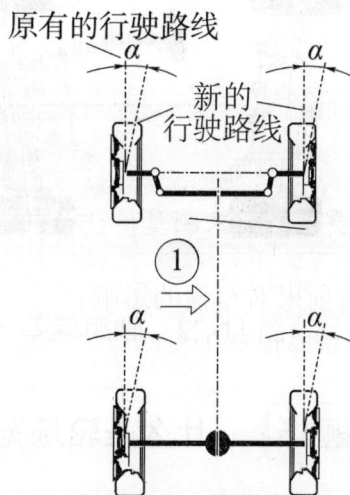

图 11-20　转向角

由于侧向阻力①(如风力、离心力)会影响正在行驶的汽车,所以车轮要改变行驶方向:对原行驶方向偏移 α 角。当前后转向角一样时,行驶状态保持不变。如果

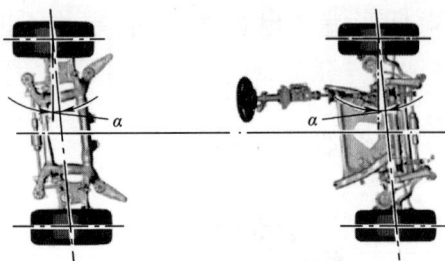

图 11-21　轮轴偏移

转弯时由于梯形结构造成实际转向角偏差过大,容易使前轮出现转向不足,或者后轮出现转向过度,导致安全性下降,轮胎过度磨损。

轮轴偏移是两个前轮(或后轮)左右车轮接触点的连接线,与垂直于几何轴线的直线间的夹角,如图 11-21 所示。当右轮在左前方时此角度值为正,在左后方时此角度值为负。

引导问题 14 ▶ **什么是轴距偏差? 什么是横向偏位?**

轴距偏差是两前轮中点的连线与两后轮中点连线所形成的夹角,如图 11-22 所示。当右侧轴距大于左侧轴距时,此角度值为正,反之为负。

横向偏位是左轮迹线和右轮迹线各自与几何轴线间夹角,如图 11-23 所示。如果后轮超出前轮,此角度值为正,反之为负。车身损伤会引起左、右横向偏位相差较大。左轮迹线是左前轮和左后轮各自与地接触点连线之间的连线。右轮迹线是右前轮和右后轮各自与地接触点连线之间的连线。

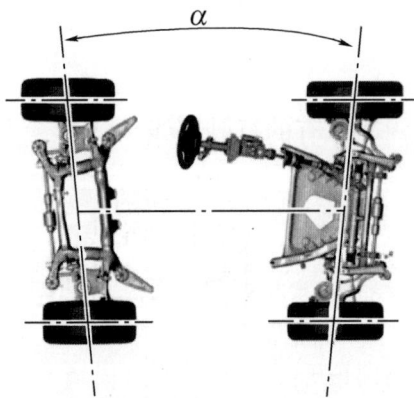

图 11-22　轴距偏差

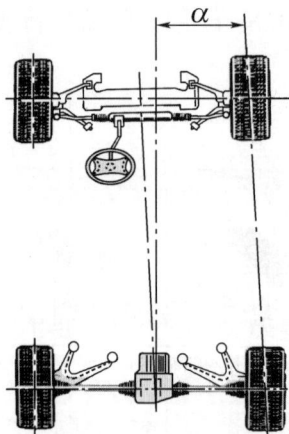

图 11-23　横向偏位移

引导问题 15 ▶ **什么是轮迹宽度偏差? 什么是轴偏位?**

轮迹宽度偏差是左轮迹与右轮迹之间的夹角,如图 11-24 所示。当后部宽度超过前部宽度时,此角度为正。轮迹宽度偏差只能以角度单位测量。

轴偏位是轮迹宽度偏差角的平分线与车辆中心线的夹角,如图 11-25 所示。如果轴偏移到右侧,该角度值为正。

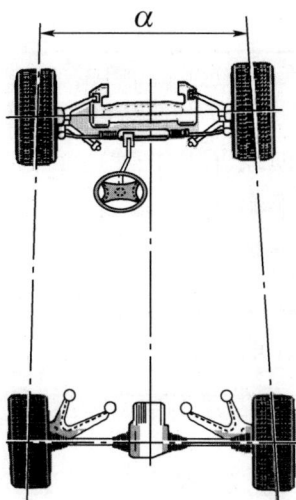

图 11-24 轮迹宽度偏差

图 11-25 轴偏位

引导问题 16 ▶ 与车轮定位有关的汽车故障症状有哪些?

与车轮定位有关的汽车故障症状见表 11-1。

汽车故障症状表 表 11-1

故 障 症 状	故 障 原 因
车身下沉	(1)车辆(超载); (2)弹簧(无力); (3)减振器(磨损)
摆动/倾斜	(1)轮胎(磨损或充气不当); (2)稳定杆(弯曲或断裂); (3)减振器(磨损)
前轮摆振	(1)轮胎(磨损或充气不当); (2)车轮(不平衡); (3)减振器(磨损); (4)车轮定位(不正确); (5)下球节(磨损); (6)轮毂轴承(磨损); (7)转向机构(不能调整或断裂)

故 障 症 状	故 障 原 因
后轮摆振	(1)轮胎(磨损或充气不当); (2)车轮(不平衡); (3)减振器(磨损); (4)车轮定位(不正确); (5)轮毂轴承(磨损)

引导问题 17 ▶▶ **汽车四轮定位检测工艺流程是怎样的?**

汽车出现轮胎异常磨损,其主要原因在于汽车四轮定位参数发生变化,因此应根据四轮定位检测工艺流程(图 11-26)进行作业。

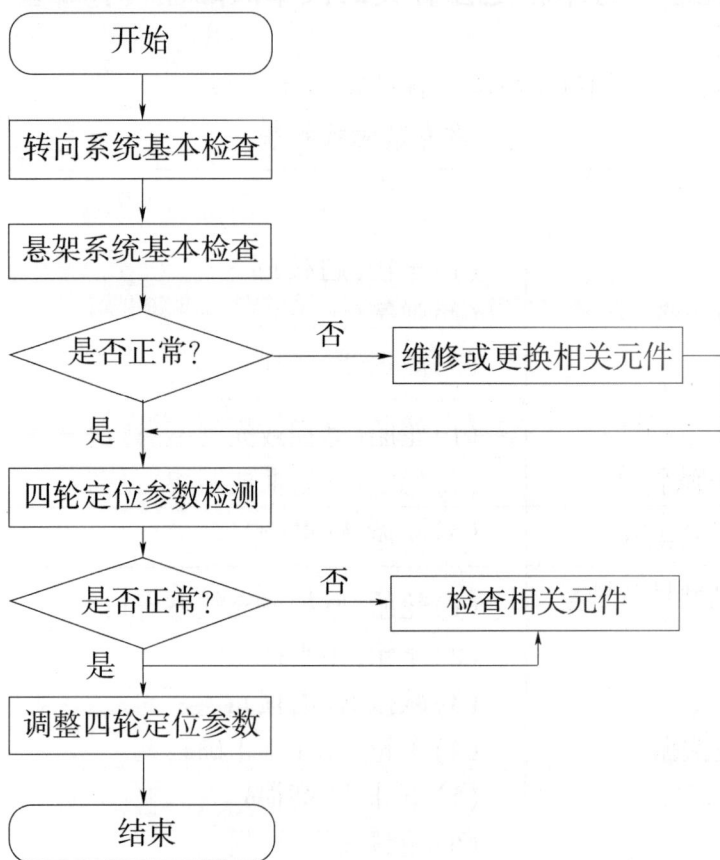

图 11-26 汽车四轮定位检测工艺流程

实施作业

引导问题 18 ▶▶ **四轮定位作业需要用到哪些工具、设备和材料?**

(1)手电筒、卷尺、开口扳手、气压表、轮胎沟槽深度规。

(2)三件套(座椅套、脚垫、转向盘护套)、干净抹布。

(3)工具车、工作台、肥皂水、手套。

(4)丰田轿车、高压气源、举升机、四轮定位仪。

引导问题 19 ▶▶ **作业前的准备工作有哪些?**

(1)汽车进入工位前,将工位清理干净,准备好相关的器材。

(2)将汽车停在举升机中央位置。

(3)拉紧驻车制动器操纵杆,并将变速杆置于空挡或驻车挡位置。

引导问题 20 ▶▶ **通过查询和查找,你能找到以下信息吗?**

查找车辆基本信息,填写表 11-2。

车辆基本信息工作表　　　　　　　　　表 11-2

项　目	具 体 信 息
车牌号码	
行驶里程	
发动机型号及排量	
车辆识别代码(VIN)	

引导问题 21 ▶▶ **怎样规范地进行车辆四轮定位检测?**

(1)请按照表 11-3 的步骤和内容对轮胎进行检查,并完成该工作表中的检查结果和处理意见内容。

四轮定位检测作业步骤及内容　　　　　　　　　　表 11-3

步骤	图　　示	内　　容	完成情况
[举升位置1——举升机处于车辆驶入时的最低位置]			
1		安装车轮挡块	是□　否□
2		检查车辆在举升机上停放整体是否周正	是□　否□
小提示:确保车辆在举升机上停放周正,否则重新挪移车辆。			
3		检查前轮中心是否基本正对转角盘中心	是□　否□

步骤	图　　示	内　　容	完成情况
4		检查后轮是否全部停放在后滑板上	是□　否□
	小提示：要求后轮停放在后滑板中央位置。		
5		检查转角盘和后滑板的销子是否仍然在锁止状态	是□　否□

步骤	图 示	内 容	完成情况
6		（1）安装座椅套、地板垫、转向盘套； （2）转向盘解锁	是□　否□
7		（1）目视检查是否有裂纹和损坏； （2）检查是否有异常或过度磨损； （3）测量胎面沟槽深度	是□　否□
	小提示:用轮胎沟槽深度规测量四个轮胎沟槽深度,要求四个轮胎沟槽深度差小于2mm。		
8		（1）使用胎压表检查气压,如需要调整,调整到标准胎压； （2）检查轮辋（外侧）是否过度变形损坏或腐蚀； （3）检查各轮胎规格（不含备胎）、轮胎型号	是□　否□
	小提示:要求四个轮胎的规格、型号相同。		
9		检查备胎是否安放到位	是□　否□

续上表

步骤	图　　示	内　　容	完成情况
10		检查驾驶室内是否空载	是□　否□
11		检查车身是否有严重撞击变形	是□　否□
12		检查车身两侧是否偏斜	是□　否□
[顶起位置2——举升机升高到车下可进入检查位置并且平台落锁]			
1		操作举升机,上升整车平台,使举升机高度到达可以进入工作的位置并落锁	是□　否□

步骤	图　　示	内　　容	完成情况
2		检查转向拉杆有无弯曲和损坏、球头是否松动和防尘套是否开裂和撕破	是□　否□
3		检查稳定杆有无损坏	是□　否□
4		检查转向节是否损坏	是□　否□

续上表

步骤	图　示	内　　容	完成情况
5		检查减振器外观是否变形损坏、机油是否泄漏和螺旋弹簧是否损坏	是□　否□
6		检查下臂是否损坏	是□　否□
7		检查减振器外观是否变形损坏、机油是否泄漏和螺旋弹簧是否损坏	是□　否□
8		检查连杆机构有无损坏	是□　否□
9		测量 A 点高度(具体测量位置见图 11-27)。 记录测量值：_____。	是□　否□

步骤	图　示	内　容	完成情况
10		测量 B 点高度(具体测量位置见 图 11-27)。 记录测量值：_____。	是□　否□
11		测量 C 点高度(具体测量位置见 图 11-27)。 记录测量值：_____。	是□　否□
12		测量 D 点高度(具体测量位置见 图 11-27)。 记录测量值：_____。	是□　否□
13	根据测得的 $ABCD$ 四点的高度值完成表 11-4		是□　否□
	小提示:结论在相应的方框内打"√"。		
14		调整二次举升臂至车辆前支撑位	是□　否□

续上表

步骤	图　示	内　容	完成情况
[顶起位置3——举升机平台落至距地面约1m锁止位置]			
1		降低大剪举升平台至距地面约1m锁止位置	是□　否□
2		根据车型、年份在数据库中找到相应车型	是□　否□
3		安装卡具	是□　否□
4		(1)安装并起动传感器； (2)将车辆挡位调整到空挡； (3)释放驻车制动拉杆	是□　否□

步骤	图　示	内　　容	完成情况
5		升起二次举升臂并锁止	是□　否□
6		根据屏幕提示,完成前轮偏位补偿	是□　否□

续上表

步骤	图　　示	内　　容	完成情况
7		将转角盘移至适当位置	是□　否□
8		取下前面两个转角盘的固定销	是□　否□
9		降下二次举升臂	是□　否□
10		前轮加装车轮挡块	是□　否□
11		调整二次举升臂至车辆后支撑位	是□　否□

步骤	图 示	内 容	完成情况
12		升起二次举升臂并锁止	是□ 否□
13		拔出后滑板固定销	是□ 否□
14		根据屏幕提示,完成后轮偏位补偿	是□ 否□
[举升位置4——二次举升回位,大剪低位落锁]			
1		(1)降下二次小剪举升机; (2)安装后轮车轮挡块(撤掉前轮挡块); (3)举升机低位落锁	是□ 否□
2		(1)实施驻车制动; (2)使用制动锁顶住制动踏板	是□ 否□

步骤	图　　示	内　　容	完成情况
3		按动车辆前部和后部数次,使减振器复位	是□　否□
4		根据屏幕提示,转动转向盘使车轮方向对中	是□　否□

续上表

步骤	图　　示	内　　容	完成情况
5		（1）根据屏幕提示,调整四个传感器至水平位置; （2）根据屏幕提示,进入下一步,测量各定位参数	是□　否□
6		使用转向盘锁锁住转向盘	是□　否□

步骤	图　　示	内　　容	完成情况
[举升位置5——举升机升高到车下可进入检查位置并且平台落锁]			
1		根据屏幕提示,调整后轮前束: 　先松开锁止螺母,根据计算机屏幕的提示进行调整。调整光标至绿色区域合格后锁紧螺母至规定力矩	是□　否□
	小提示: 车辆车轮定位角调整基本原则: (1)调整时按照先调后轮,再调前轮; (2)后轮先调外倾角,后调前束; (3)前轮先调主销后倾角,后调车轮外倾角,再调车轮前束。		
2		调整前轮前束: 　先松开锁止螺母,根据计算机屏幕的提示进行调整。调整光标至绿色区域合格后锁紧螺母至规定力矩	是□　否□

步骤	图　　示	内　　容	完成情况
3		测试完毕,显示出测试数据与标准数据。记录测试数据在表11-5中	是□　否□
[举升位置6——降低大剪举升平台至距地面约1m锁止位置]			
1		降低大剪举升平台至距地面约1m锁止位置	是□　否□
2		升起二次举升臂并锁止	是□　否□
3		安装转角盘定位销	是□　否□
4		调整二次举升臂至车辆后支撑位	是□　否□

续上表

步骤	图　示	内　　容	完成情况
5		升起二次举升臂并锁止	是□　否□
6		(1)将后滑板固定销插回； (2)降下二次举升臂	是□　否□
[顶起位置7——设备复位后举升机回到最低位置]			
1		存储或打印资料信息	是□　否□
2		拆卸传感器、放回充电位置充电。 　拆除制动锁、拆卸卡具，并放入定位仪机箱内,定位仪程序复位。 　工具设备复位,工作场地清洁,整理	是□　否□

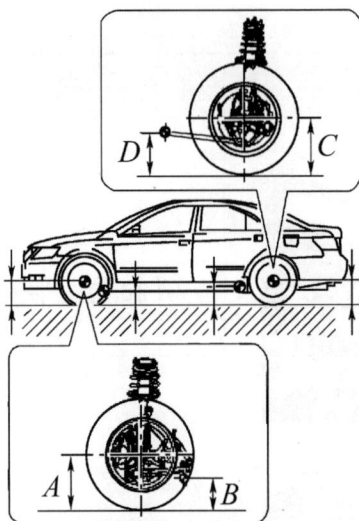

图 11-27　车身高度测量位置

小　提　示

测量车辆高度时应上下弹跳车辆各角,以稳定悬架。

　　测量点:A 点为前轮中心离地间隙,B 点为 2 号悬架下臂衬套定位螺栓中心离地间隙,C 点为后轮中心离地间隙,D 点为支撑杆定位螺栓中心离地间隙。测量记录见表 11-4。

　　①在检查车轮定位之前,将车辆高度调整到规定值。

　　②必须在水平路面上执行测量。

　　③如果需要到车辆下进行测量,要确保使用驻车制动器,并用垫木固定车辆。

测 量 记 录 表　　　　　　　　　　表 11-4

测　量　点	左			右		
A						
B						
$A - B$						
结论	偏大	正常	偏小	偏大	正常	偏小

续上表

测 量 点	左			右		
C						
D						
D – C						
结论	偏大	正常	偏小	偏大	正常	偏小

（2）查阅维修手册，完成表11-5。

参　数　表　　　　　　　　　　表11-5

定 位 参 数	测 量 值	标 准 值
前轮前束		
主销外倾角		
主销后倾角		
车轮外倾角		

⚫ 评价与反馈

对本学习任务进行评价，完成表11-6。

反 馈 评 价 表　　　　　　　表11-6

	请根据你自己在工作中和课堂上的表现，对自己进行客观的评价，看看你能获得几颗星？			
评价项目	5 颗星	3 颗星	1 颗星	评价结果
知识掌握情况	掌握相关理论知识，并能运用到实际操作中，任务完成良好	基本能够理解相关理论知识，能够完成相应工作	对相关理论知识不明白，不能或者难以完成相应的工作	

评价项目	5颗星	3颗星	1颗星	评价结果
动手实践情况	积极参加,做好安全保护工作,注重工作质量	会动手实践,安全保护措施到位,工作质量较好	出现安全隐患,不知道如何动手实践	
小组合作情况	与小组成员配合工作很愉快	与小组其他同学配合工作交流较少	没有与其他同学进行交流	
6S执行情况	值日认真,服从指挥,工位工装整洁,职业形象好	值日较认真,出现迟到或其他违纪情况	出现忘记值日,工位或工装不整洁的情况	
哪些方面需要改进				
教师点评				
学生姓名		小组长签名		
教师签名		日期		

四 学习拓展

(1)请解释几何轴线。

(2)请解释车辆中心对称面。

（3）请解释驱动偏角。

（4）请解释前轮前束。

（5）请解释车轮外倾角。

（6）请解释主销内倾角。

（7）请解释主销偏置距。

参 考 文 献

[1] 陈家瑞.汽车构造[M].5 版.北京:人民交通出版社,2006.

[2] 陈新亚.汽车为什么会"跑"——图解汽车构造与原理[M].3 版.北京:机械工业出版社,2017.

[3] 岳杰.汽车底盘常见维修项目实训教材[M].北京:人民交通出版社,2008.

[4] 徐石安.汽车构造——底盘工程[M].2 版.北京:清华大学出版社,2020.

[5] 归艳荣.汽车操纵与悬架系统[M].北京:中国劳动社会保障出版社,2006.

[6] 丰田汽车公司.汽车维护[M].北京:高等教育出版社,2006.

[7] 黄仕利,柏令勇.汽车维修基础[M].3 版.北京:人民交通出版社股份有限公司,2019.

[8] 上海通用汽车有限公司.汽车转向与悬架系统及检修[M].北京:高等教育出版社,2016.